职业教育汽车车身修复专业(方向)理实一体化教材

# Qiche Tiaose Jishu
# 汽车调色技术

易建红　夏志东　主　编
刘　宁　张明君　副主编
　　　　朱欣鸣　主　审

人民交通出版社股份有限公司
北　京

## 内 容 提 要

本书为职业教育汽车车身修复专业(方向)理实一体化教材。全书共 7 个学习任务,内容包括:调色概述、查找配方、计量调色、喷涂样板、比对颜色、微调颜色、调色实例。

本书可作为职业院校汽车车身修复专业(方向)及相关专业的教材,也可供汽车维修从业人员及相关技术人员参考阅读。

**图书在版编目(CIP)数据**

汽车调色技术/易建红,夏志东主编. —北京:
人民交通出版社股份有限公司,2021.12
ISBN 978-7-114-17708-8

Ⅰ.①汽⋯ Ⅱ.①易⋯②夏⋯ Ⅲ.①汽车—调色
Ⅳ.①U472.44

中国版本图书馆 CIP 数据核字(2021)第 233563 号

| | |
|---|---|
| 书　　名: | 汽车调色技术 |
| 著 作 者: | 易建红　夏志东 |
| 责任编辑: | 时　旭 |
| 责任校对: | 刘　芹 |
| 责任印制: | 张　凯 |
| 出版发行: | 人民交通出版社股份有限公司 |
| 地　　址: | (100011)北京市朝阳区安定门外外馆斜街 3 号 |
| 网　　址: | http://www.ccpcl.com.cn |
| 销售电话: | (010)59757973 |
| 总 经 销: | 人民交通出版社股份有限公司发行部 |
| 经　　销: | 各地新华书店 |
| 印　　刷: | 北京市密东印刷有限公司 |
| 开　　本: | 787×1092　1/16 |
| 印　　张: | 12 |
| 字　　数: | 206 千 |
| 版　　次: | 2021 年 12 月　第 1 版 |
| 印　　次: | 2021 年 12 月　第 1 次印刷 |
| 书　　号: | ISBN 978-7-114-17708-8 |
| 定　　价: | 48.00 元 |

(有印刷、装订质量问题的图书由本公司负责调换)

# 前言

为贯彻落实《国家职业教育改革实施方案》《职业教育提质培优行动计划（2020—2023年）》精神，结合《教育部关于职业院校专业人才培养方案制订与实施工作的指导意见》《职业院校教材管理办法》等文件要求，深化职业教育教学改革，积极推进课程改革和教材建设，满足职业教育发展的新需求，人民交通出版社股份有限公司组织全国职业院校汽车相关专业的骨干教师及相关企业的专业人员，编写了本套"职业教育汽车车身修复专业（方向）理实一体化教材"。

《汽车调色技术》以汽车调色工作过程为顺序，紧密结合实际工作岗位要求，对接汽车涂装、汽车调色等职业标准，对照汽车运用与维修专业 1+X 证书制度职业技能等级标准中的相关知识与技能要求，以典型工作内容为学习情境，通过任务引领的方式，介绍了汽车调色的相关知识和技能。

全书由武汉市交通学校易建红、成都工业职业技术学院夏志东担任主编，山东交通职业学院刘宁、烟台汽车工程职业学院张明君担任副主编。参加编写工作的还有辽宁省交通高等专科学校宋孟辉，武汉市交通学校向忠国、李和平，山东交通职业学院高连江。巴斯夫（中国）有限公司校企合作项目负责人、北京中车行汽车运用与维修 1+X 证书制度职业技能等级标准——汽车车身漆面养护与涂装喷漆技术模块专家组长朱欣鸣老师担任本书的主审。

在教材编写过程中，参阅了大量的相关教材和资料，也得到了企业专家、职教专家和出版社编辑老师们的大力支持和帮助，在此一并表示感谢！

限于编者经历与水平，书中不当之处在所难免，希望各教学单位在积极选用和推广本系列教材的同时，注重总结经验，及时提出修改意见和建议，以便再版修订时补充完善。

编　者
2021 年 7 月

# 目录

**学习任务一　调色概述** ·········································································· 1
　一、理论知识准备 ·············································································· 1
　二、任务实施 ···················································································· 9
　三、学习拓展 ··················································································· 20
　四、学习记录与评价 ········································································· 22
　五、技能考核标准 ············································································ 24

**学习任务二　查找配方** ········································································ 26
　一、理论知识准备 ············································································ 26
　二、任务实施 ·················································································· 33
　三、学习拓展 ·················································································· 44
　四、学习记录与评价 ········································································· 48
　五、技能考核标准 ············································································ 50

**学习任务三　计量调色** ········································································ 52
　一、理论知识准备 ············································································ 52
　二、任务实施 ·················································································· 66
　三、学习拓展 ·················································································· 73
　四、学习记录与评价 ········································································· 76
　五、技能考核标准 ············································································ 78

**学习任务四　喷涂样板** ········································································ 80
　一、理论知识准备 ············································································ 80
　二、任务实施 ·················································································· 88
　三、学习拓展 ·················································································· 97
　四、学习记录与评价 ······································································· 100
　五、技能考核标准 ·········································································· 102

学习任务五　比对颜色 ································································ 105
　　一、理论知识准备 ···························································· 105
　　二、任务实施 ································································ 114
　　三、学习拓展 ································································ 121
　　四、学习记录与评价 ························································ 125
　　五、技能考核标准 ·························································· 127

学习任务六　微调颜色 ································································ 129
　　一、理论知识准备 ···························································· 129
　　二、任务实施 ································································ 136
　　三、学习拓展 ································································ 146
　　四、学习记录与评价 ························································ 148
　　五、技能考核标准 ·························································· 150

学习任务七　调色实例 ································································ 153
　　一、理论知识准备 ···························································· 153
　　二、任务实施 ································································ 160
　　三、学习拓展 ································································ 178
　　四、学习记录与评价 ························································ 180
　　五、技能考核标准 ·························································· 183

参考文献 ············································································· 186

# 学习任务一 调色概述

## 学习目标

☆ 知识目标

1. 了解汽车调色的概念及色差产生的原因(初级技能);
2. 了解汽车调漆师的工作内容及要求(初级技能);
3. 掌握汽车调色、涂装作业中的有害物质及危险因素(初级技能);
4. 掌握相关环保政策及要求(初级技能)。

☆ 技能目标

1. 掌握常用安全防护用品的种类及用途(初级技能);
2. 能正确评估车间的安全环保措施是否合理(初、中级技能);
3. 能正确使用和维护个人安全防护用品(初级技能);
4. 能合理地对施工现场进行7S管理(初、中级技能)。

## 建议课时

6~8课时。

## 任务描述

一辆红色轿车左前门发生事故,经涂装维修后发现新喷部位与车身其他部件颜色不一致(图1-1),现需要进行调色。作为准从业人员,在调色前,你需要对调色的概念、调色的原因、调漆师的工作内容及要求、调色作业中的有害物质、相关环保政策及要求、车间和个人的安全环保措施、现场管理等专业知识和技能有一定了解和掌握。

图1-1 维修部位有色差

## 一、理论知识准备

### (一)汽车调色的概念及色差产生的原因

#### 1.汽车调色的概念

光线照射到物体上,经反射或透射,投射进入眼后形成的某种视觉信息,大脑对这种信息进行辨认,产生的一种视觉感觉(图1-2),称为颜色。调色就是将某一颜色调整到与目标颜色在视觉上相同的方法。本书所述汽车调色主要指汽车修补漆调色,它是利用不同颜色的修补漆色母,通过一定比例混合后得到所需颜色的过程。

目前,汽车上的涂料颜色层出不穷,已达数万种。为减少库存和避免浪费,涂料生产厂家不可能把每一种颜色都做成涂料并储存起来。同时,由于各种因素的影响,汽车颜色在生产和使用过程中会出现色差和变色,所以汽车维修企业也不可能提前准备好各种颜色的涂料以备随时使用。目前比较好的解决方案是涂料生产厂家提供十几或几十种基本色母,然后利用其中的几种色母试验出汽车颜色的配方,最终形成颜色丰富的配方数据库。汽车调色中心或汽车维修企业在进行调色时,利用颜色工具查找出最接近的颜色配方,然后根据其需要的量进行色母混合,调出涂料。如果调出的涂料颜色与所需颜色有差异,可以再根据颜色理论进行分析,判断出所缺色母的种类和数量,进行人工微调,直至与目标颜色一致或非常接近为止。汽车调色的一般流程如图1-3所示。

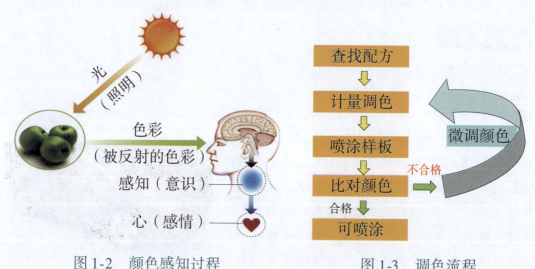

图1-2　颜色感知过程　　　　图1-3　调色流程

### 2.色差产生的原因

根据配方调配出来的涂料颜色有时和需要的颜色有差异(图1-4),这个差异叫色差。在汽车维修涂装返工中,因为色差导致的返工占多数。学好调色技术,能减少色差与返工,保证最终的涂装质量。色差产生的原因很多,归纳起来主要有以下几个方面:

(1)汽车制造过程中的原因。在汽车制造过程中,选用不同的涂料供应商、采用不同的涂装生产线、采取不同的涂装工艺、涂料或车辆生产批次不同等,都会出现原材料之间的差异或涂膜厚度之间的差异,从而导致生产出来的汽车颜色与标准颜色间出现色差。

(2)汽车原厂漆与修补漆的区别。为提高生产效率、满足流水线作业要求,汽车制作厂使用的都是烘烤聚合型涂料(也称高温漆或原厂漆),这种涂料必须经过高温(140~210℃)烘烤后才能干燥。而汽车维修厂受维修车辆的限制,只能采用双组分聚合型涂料(也称低温漆或修补漆),这种涂料一般采用自然干燥或低温(60~70℃)烘烤干燥。汽车原厂漆主要采用机器自动喷涂,而汽车修补漆主要采用人工手动喷涂。不同的涂料类型、施工方式、干燥方法等,都会导致涂层成膜效果和涂膜厚度的差异,所以汽车原厂漆与修补漆之间也容易出现色差。

(3)汽车修补漆调色系统的影响。完整的汽车修补漆调色系统,包括配方软件、颜色色卡、涂料色母、各种颜色资料等;软件是否及时更新、色卡是否齐全准确、色母颜色能否保持一致、差异色是否全面、配方研究人员及颜色技术服务人员是否专业等,都直接影响调色的准确性。

(4)汽车调色过程中的影响。调色环境和条件、调色工艺和方法、颜色微调技术都是影响调色是否准确的因素。如:在自然光过强或不足时,利用日光灯或其他非标准光源调色会导致色差;调色者穿着鲜艳颜色的衣服或戴有色眼镜调色,调色处于鲜艳的彩色环境中或周围反光强烈等会导致调色失准(图1-5);色母搅拌不均匀、电子秤没有校准、选用喷枪型号不当等会难以保证调色的准确;不能正确辨别颜色差异、不熟悉所用色母特性、不懂颜色基本理论、调色经验不足时都会影响调色结果。

图1-4 色差

图1-5 错误的调色环境

(5)汽车维修涂装过程中的影响。目前,汽车维修涂装主要采用手工作业方式,受施工环境、施工条件及施工人员等多方面不确定因素的影响,很难保证每次施工时的涂料调配、喷枪型号、喷涂距离、喷涂角度、移动速度、喷涂压力、干燥方法等与标准色板施工方法完全一致,从而出现颜色差异。另外,在采用过渡修补时,技术不到位、处理方法不当也是产生色差的主要原因。

(6)其他因素的影响。如老化严重的涂层或经过维修的涂层,会存在实际颜色与配方颜色不一致的情况,如果直接使用配方调色进行喷涂,将存在色差。

### (二)汽车调漆师的工作内容及要求

在汽车调色中心或汽车维修企业,调漆师最主要的工作是为维修车辆或来色样板调配出准确的涂料颜色。另外,其还需要负责涂料的进货、出货、储存、保管等工作,负责涂料仓库、调漆室、喷涂室等工作场所的安全管理等工作,负责对所用工具、设备、设施、场地的清洁与维护工作。当涂装施工人员存在颜色方面的问题时,还需要对相关人员进行喷涂技术指导,以确保颜色的准确性。所以,一名合格的汽车调漆师需要具备以下专业知识及技能:

(1)了解岗位职责和要求,了解作业中的有害物质及危险因素,了解国家和地方政府发布的相关环保政策及要求,掌握个人安全防护方法和车间安全环保措施。

(2)了解涂料的组成及作用,了解汽车制造涂装和维修涂装工艺,了解汽车涂层的作用,了解常用汽车涂料的特点及使用方法,了解各种汽车面漆的施工方法,掌握基本涂装操作技能。

(3)了解调色、涂装作业相关常用工具设备的使用和维护知识,掌握常用工具设备的规范使用方法,了解各种喷涂技巧和颜色过渡的方法。

(4)了解颜色的概念和基本属性,了解颜色的基本混合规律,无色盲色弱,能正确辨别颜色的差异,掌握汽车漆调色的一般方法,能调配纯色漆、金属漆颜色,能确定珍珠漆底色及层数。

### (三)汽车调色、涂装作业中的有害物质及危险因素

在汽车调色、涂装作业中,会产生一些有害物质,同时也存在一定的危险因素。只有了解危害所在,才能做好预防,更好地避免疾病及事故的发生。

在汽车调色、涂装作业中,对人体有危害的主要是挥发性气体、粉尘颗粒、异氰酸酯三类物质。挥发性气体主要由涂料中使用的有机溶剂挥发形成;粉尘颗

粒主要是打磨时形成的粉尘或喷涂时形成的漆雾;异氰酸酯是聚氨酯涂料使用的固化剂中的一类物质。它们对人体各部位健康的影响如图1-6所示。如果在作业过程中长期不注意防护,容易导致各种疾病,甚至死亡。

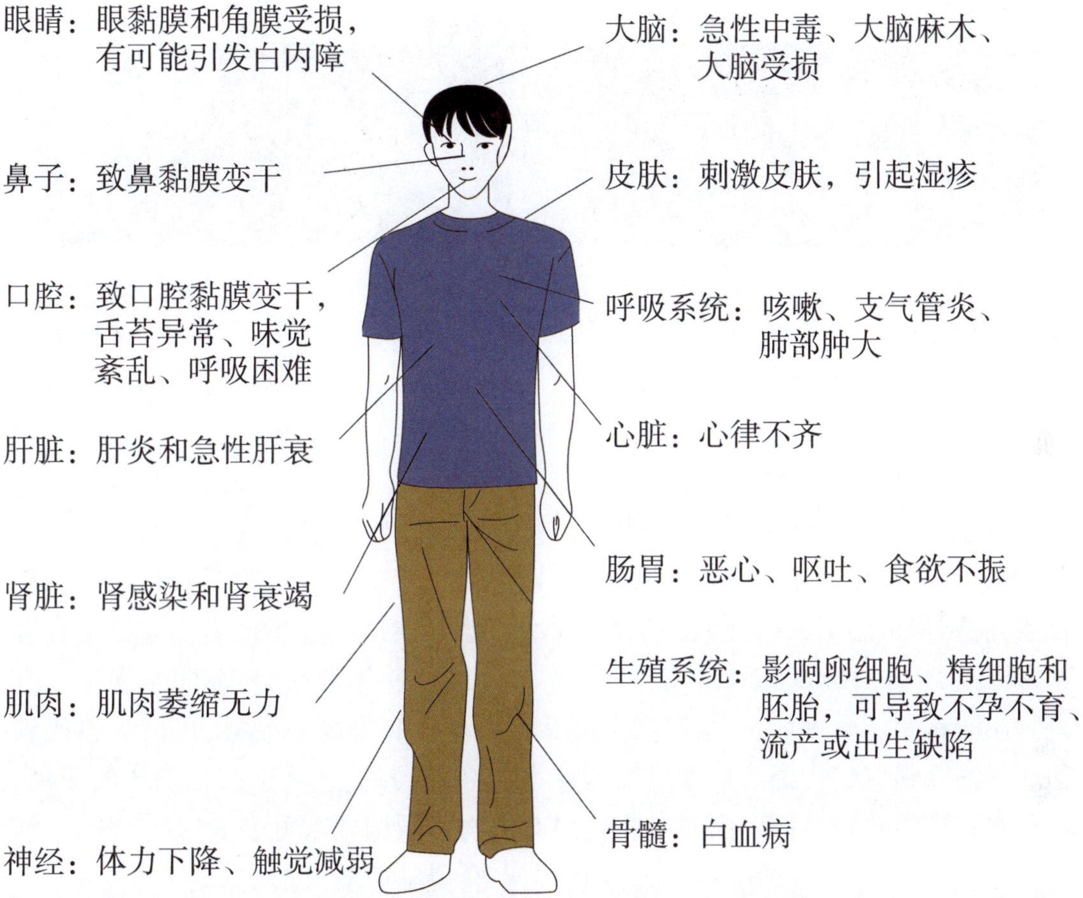

眼睛:眼黏膜和角膜受损,有可能引发白内障

大脑:急性中毒、大脑麻木、大脑受损

鼻子:致鼻黏膜变干

皮肤:刺激皮肤,引起湿疹

口腔:致口腔黏膜变干,舌苔异常、味觉紊乱、呼吸困难

呼吸系统:咳嗽、支气管炎、肺部肿大

肝脏:肝炎和急性肝衰

心脏:心律不齐

肾脏:肾感染和肾衰竭

肠胃:恶心、呕吐、食欲不振

肌肉:肌肉萎缩无力

生殖系统:影响卵细胞、精细胞和胚胎,可导致不孕不育、流产或出生缺陷

骨髓:白血病

神经:体力下降、触觉减弱

图1-6 有害物质对人体的影响

在汽车调色、涂装作业中,会形成"三废",即废水、废气和废渣。废水主要是在清洗、水打磨板件或车辆时产生的含有清洁剂、涂料等化学物质的液体;废气主要是在干打磨、调漆、喷涂过程中产生的粉尘、挥发性气体、涂料漆雾等;废渣主要是在整个作业过程中产生的粉尘颗粒,以及使用过的废纸、废布、废稀释剂、废涂料等固体。"三废"里面含有大量的酸碱物质、重金属物质、化学物质等,如果不经正确处理而直接排放或丢弃,会严重污染自然环境(图1-7)。

另外,在汽车调色、涂装作业中,使用的涂料、稀释剂、遮蔽纸、擦拭布等,多属于易燃易爆物质,如果施工人员不懂防火防爆知识、不加强现场安全管理和检查,也极易出现火灾、爆炸等安全事故。

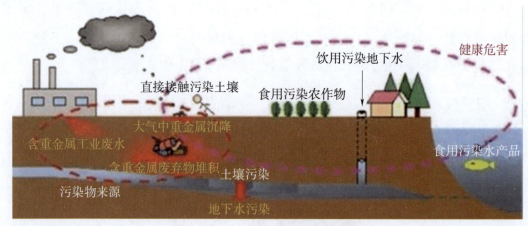

图1-7 "三废"对环境的影响

但是,如果严格按照规范要求进行作业,做好各项安全预防措施、穿戴好个人劳保防护用品、正确处理和排放"三废",以上危害都是可以避免或降低到最低程度的。

### (四) 相关环保政策及要求

汽车调色、涂装作业时刻都会与涂料打交道,减少涂料中的有害物质是保护自然环境、保证施工人员健康的主要手段。我国在刚刚实施的《车辆涂料中有害物质限量》(GB 24409—2020)中,对汽车维修行业使用的涂料,都明确规定了有害物质限量。汽车维修企业应尽量选用高固体分的溶剂型涂料、水性涂料或其他环保性涂料取代传统溶剂含量高的涂料产品,从源头上减少有害物质的使用。汽车修补用涂料中易挥发的有机物质(VOC)含量限值要求见表1-1。

汽车修补用涂料中 VOC 含量限量值要求　　表1-1

| 产品类别 | 产品类型 | 限量值 |
| --- | --- | --- |
| 水性涂料(g/L) | 底色漆 | ≤420 |
| | 本色面漆 | ≤420 |
| 溶剂型涂料(g/L) | 底漆 | ≤580 |
| | 中涂 | ≤560 |
| | 底色漆 | ≤770 |
| | 本色面漆 | ≤580 |
| | 亚光清漆 | ≤630 |
| | 清漆 | ≤480 |

对于废水,应该按照《中华人民共和国水污染防治法》《汽车维修业水污染物排放标准》(GB 26877—2011)等相关文件要求,对废水进行适当处理,使其达到排放标准后再排放(表1-2)。汽车维修企业可通过使用干磨技术、节水洗车技术等,尽量减少废水的产生,对于已经产生的废水,对其的处理可参考图1-8。

**汽车维修企业水污染物排放浓度限值** 　　　表1-2

(单位:mg/L,pH值除外)

| 序号 | 污染物项目 | 直接排放限值 | 间接排放限值 | 污染物排放监控位置 |
|---|---|---|---|---|
| 1 | pH | 6～9 | 6～9 | 企业废水总排放口 |
| 2 | 悬浮物(SS) | 20 | 100 | |
| 3 | 化学需氧量(COD) | 60 | 300 | |
| 4 | 五日生化需氧量($BOD_5$) | 20 | 150 | |
| 5 | 石油类 | 3 | 10 | |
| 6 | 阴离子表面活性剂(LAS) | 3 | 10 | |
| 7 | 氨氮 | 10 | 25 | |
| 8 | 总氮 | 20 | 30 | |
| 9 | 总磷 | 0.5 | 3 | |

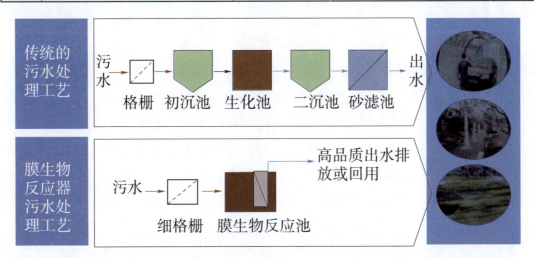

图1-8　废水处理方法

对于废气,应该按照《中华人民共和国大气污染防治法》《挥发性有机物无组织排放控制标准》(GB 37822—2019)、《汽车维修行业有效实施VOCs治理的指导意见实施细则》及各地方标准等相关文件要求,对废气进行适当处理,使其达标后再排放。表1-3所示为北京市的《汽车维修业大气污染物排放标准》(DB11/1228—2015)对所辖汽车维修厂喷烤漆房废气排放浓度的限值要求。汽车维修企业可以采用环保的涂料产品和环保的喷涂设备等,尽量减少废气的产生和排放。对于旧喷漆房,可以通过在排气端加装环保柜(含活性炭和光氧催化装置的设备)来进行废气处理(图1-9),同时也可以将燃油烘烤系统改成红外线烤灯烘烤来减少废气的产生。

喷烤漆房排气筒大气污染物排放浓度限值(单位:mg/m³)　表1-3

| 污染物项目 | Ⅰ时段 | Ⅱ时段 |
| --- | --- | --- |
| 苯 | 1 | 0.5 |
| 苯系物 | 20 | 10 |
| 非甲烷总烃 | 30 | 20 |

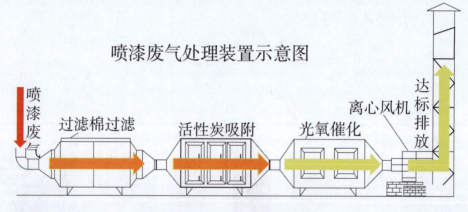

图1-9　废气处理方法

对于废渣的处理,应该按照《中华人民共和国固体废物污染环境防治法》《国家危险废物名录》及地方的要求[如《上海市环境保护局关于开展汽修行业危险废物收集管理试点的通知》(沪环保防[2017]276号)]等相关文件严格执行。汽车维修企业首先应尽量减少废弃物的产生,能循环使用的,尽量循环使用;不能循环使用的,分类后按照要求集中统一放置好,最后由具有危险物处理资质的单位进行定期回收处理。如液态废油漆和废溶剂可先集中回收在能密封的旧金属桶内,再定期交由具备相应危险废物经营许可证的单位处置,绝不允许将废弃涂料直接倒入生活垃圾堆里面或下水道中。

## 学习任务一 调色概述

## 二、任务实施

### (一) 作业前的准备

#### 1. 个人安全防护用品的准备

安全是一切活动的前提,对于经常接触有毒有害物质的施工人员,必须将操作前的安全防护放在第一位。调色及喷涂工作中需要用到的个人安全防护用品见表1-4。

个人安全防护用品及其作用　　　　表1-4

| 种类 | | 作用 |
|---|---|---|
| 工作服 | 棉质工作服 | 能保护操作人员免受粉尘、漆雾的侵害,防止擦伤、磨伤等。在除喷漆之外的一般工作时选用 |
| | 喷漆服 | 一般为连体设计,可以有效减少漆雾对人体的侵害,避免吸附灰尘,避免因为静电导致的安全问题,可用于调色、喷涂作业时使用 |
| 护目镜 | | 保护眼睛,防止打磨时产生的粉尘、喷漆时的漆雾或调漆时飞溅的溶剂对眼睛的伤害。在整个施工过程中都要求佩戴 |
| 安全鞋 | | 在鞋尖上有一块金属板,鞋后跟很厚,在工作过程中可以有效保护双脚。在整个施工过程中都要求穿戴。<br>对于经常出入溶剂挥发气体含量较高的场所(如涂料仓库等),还应该选择具有防静电功能的安全鞋 |

续上表

| 种类 | | 作用 |
|---|---|---|
| 呼吸保护器 | 防尘面罩 | 一种罩在鼻子和嘴上的纸质或纤维质过滤器，能够阻挡通过空气传播的微粒，避免有害的粉尘粒子进入施工人员的鼻腔、咽喉和肺。涂装作业应选用能过滤 0.3μm 粒径，隔阻率达到 95% 的专业防尘口罩。<br>在打磨、清洁以及会产生微粒和粉尘的工作时选用 |
| | 过滤式面罩 | 能够过滤防尘面罩不能阻挡的细微粒子、烟雾以及有机溶剂挥发气体，可以隔绝单组分油漆以及其他非异氰酸酯类材料的蒸气和喷雾。在除油、洗枪、调漆、刮灰和喷涂不含异氰酸酯类涂料时可以选用。<br>对于施工环境中氧气含量低于 19.5% 时绝对不可以使用 |
| | 供气式面罩 | 能有效隔绝周围受过污染的空气，再通过有效过滤压缩空气，给施工人员提供清洁、新鲜的空气，达到保护操作人员的目的，是目前最安全的保护方式。建议在喷涂所有类型的底漆、密封材料和涂料时都采用这种面罩。特别是喷涂含有异氰酸酯类材料的涂料时必须佩戴供气式面罩 |
| 手套 | 线手套 | 能够保护施工人员的手部，防止划伤、磨损及污染。在打磨、清洁、移动工件或使用工具时选用 |

续上表

| 种　类 | 作　用 |
|---|---|
| 手套<br>橡胶手套 | 能够防止有机溶剂透过皮肤渗入人体内,在与溶剂、涂料接触时使用。一般有薄型和厚型两种,与溶剂或涂料直接接触时应选用厚型的耐溶剂橡胶手套,如除油、洗枪等作业;如果是在操作中可能会间接接触到溶剂或涂料时,可以选用薄型的乳胶橡胶手套,如调漆、喷漆作业等 |
| 耳塞 | 保护听力。在打磨或喷涂等噪声较大的操作中佩戴 |

### 2. 车间安全防护用品的准备

（1）防火垃圾桶。防火垃圾桶采用金属材质,为自闭式桶盖设计,无外力作用下能自动处于完全关闭状态,隔绝外部氧气供应,使燃烧无法继续（图1-10）。调色和涂装车间丢弃的废弃物主要为易燃物质,必须使用防火垃圾桶,分类存放才能避免出现火灾事故。

（2）防爆柜。防爆柜一般为双层钢板结构,耐破坏性与防盗性良好,可以隔离热源预防火灾,缓冲撞击或爆炸,隔离易燃易爆物质,同时也减少火灾或爆炸带来的人员伤害和财产损失（图1-11）。防爆柜一般分三种,黄色柜主要用来存储易燃易爆物,红色柜主要用来存储易燃物,蓝色柜主要用来存储腐蚀性物。涂料属于易燃易爆物品,存放在防爆柜中,可避免出现各种危险。

图1-10　防火垃圾桶

（3）灭火器材。灭火器材是指用于灭火、防火的器材。灭火器材种类很多,常见的有灭火器、消防栓、自动烟雾报警器、自动喷淋装置等（图1-12）。灭火器材要根据预防的火灾类型来选择（表1-5）。

图 1-11　防爆柜

图 1-12　灭火器材

常见火灾类型及适用的灭火器材　　　　表 1-5

| 序号 | 火灾类型 | 典型的燃料 | 适用的灭火器材 |
| --- | --- | --- | --- |
| 1 | A 类火灾(固体物质火灾)。注:固体物质往往具有有机物性质,一般在燃烧时产生灼热的余烬 | 如木材、纸张、棉纱、碎布、橡胶、塑料、可燃材料等 | 如黄沙、清水、泡沫灭火器、多用途干粉灭火器、卤代烷 1211 灭火器等 |
| 2 | B 类火灾(液体火灾或可熔化的固体物质火灾) | 如汽油、机油、润滑油、各类溶剂、油漆、石蜡等 | 如干粉灭火器、卤代烷 1211 灭火器、二氧化碳灭火器等 |
| 3 | C 类火灾(气体火灾) | 如煤气、天然气、甲烷、乙烷、丙烷、氢气等 | 如干粉灭火器、卤代烷 1211 灭火器、二氧化碳灭火器等 |
| 4 | D 类火灾(金属火灾) | 如钾、钠、镁、铝镁合金 | 以氯化钠、氯化钾、氯化钡、碳酸钠等为基料的干粉灭火器或各类轻金属专用的灭火剂 |
| 5 | E 类火灾(带电火灾)。注:物体带电燃烧的火灾 | 如空压机、输漆泵、静电设备、仪器仪表电机等 | 如卤代烷 1211 灭火器、1301 灭火器、干粉灭火器、二氧化碳灭火器等 |

### (二) 车间的安全环保措施

涂料及相关辅料多数属于易燃易爆物,在使用过程中,必须加强车间的管理,加强相关人员的培训,才能避免危害的发生。

(1) 涂料仓库、调漆间及涂装车间的设计、建设和消防设施的安装要符合当地消防部门的规定,要通过消防部门的验收才可使用。

(2) 选作涂料仓库的场所必须保证凉爽、干燥、通风,且远离火种、热源。涂料存放区域温度一般建议控制在 5 ~ 35℃。温度过高,会加速溶剂挥发,形成易燃易爆不安全因素;温度过低,涂料容易变稠,甚至结冰,导致涂料报废。涂料存放区域要干燥、不返潮,避免涂料罐生锈发生渗漏。

(3) 涂料仓库、调漆间、涂装车间等必须安装换气扇。换气次数应满足《工业企业设计卫生标准》(GBZ 1—2010)要求,涂料库房应达到 3 次/h,调漆间应达到 9 ~ 12 次/h。要经常保持通风,如果空气中有异味或溶剂浓度较高时,要进行排气处理。

(4) 存放有涂料及涂装施工区域使用防爆电气设备,采取防静电措施。如在涂料库房、调漆间等涂料存储量较大、有机挥发物浓度较高的场所,应使用防爆换气扇、防爆照明灯、防爆开关、防爆插座、防爆电机、防爆电子秤等,地面采用防静电环氧地坪,调漆机、洗枪机、烤箱等设备也要采取防静电接地处理。

(5) 在涂料库房、调漆间、涂装车间等醒目位置张贴安全警示标识和相关管理规定。安全警示标识包括危险危害标识(表 1-6)、防火防爆标识(图 1-13)、安全防护标识(图 1-14)、应急报警标识等。相关管理规定包括涂料库房管理制度、涂料管理制度、安全操作注意事项、应急处理办法等。

**GHS 健康危害标识**　　　　　　　　　　　　　　　　　表 1-6

| 序号 | 危险特性 | 象形图 | 序号 | 危险特性 | 象形图 | 序号 | 危险特性 | 象形图 |
|---|---|---|---|---|---|---|---|---|
| 1 | 爆炸危险 | | 4 | 加压气体 | | 7 | 警告 | |
| 2 | 燃烧危险 | | 5 | 腐蚀危险 | | 8 | 健康危险 | |
| 3 | 加强燃烧危险 | | 6 | 毒性危险 | | 9 | 危害水环境 | |

图 1-13　油漆仓库安全警示标识　　　　图 1-14　安全防护标识

（6）在涂料库房、调漆间及涂装车间配备足够的消防器材，并定期进行检查和维护。同时，也可配备一些用于防火、防渗漏的干沙或其他不易燃烧的吸附性材料。相关人员必须熟练掌握各类消防器材的使用方法，能正确处理常见火灾。

（7）所有涂料入库前必须进行外观检查。对包装变形、破损，标签不全的进行处理，确保涂料入库后不会发生渗漏，确保涂料名称、组分、危害程度、危害性、防范方法、供应商信息、应急电话、生产标准及日期、保质期等内容标识清楚。图 1-15 所示为某汽车修补漆产品的安全标签样张。

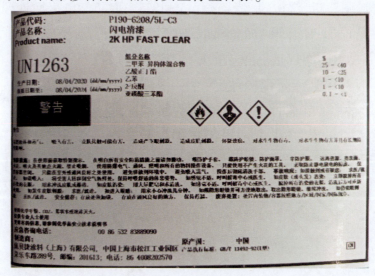

图 1-15　安全标签

（8）涂料入库时要根据其种类、性质进行分类分项存放。化学性质或防护、灭火方法相互抵触的化学品，不得在同一区域内存放（如水性涂料和溶剂型涂料、色母和溶剂等需要分区域存放）。小包装涂料一般存放于货架，大包装涂料可堆放，但堆放高度一般不超过 2m，同时底部应垫高 10cm 以上，防止回潮。涂料标签应一律向外,便于查看。

(9)根据各类涂料使用量需求,保证合理存量,减少库存积压。涂料入库、领用时,做到账、卡、物、证相一致。领用时,按先进先出原则发货,防止涂料过期变质。搬运涂料时,必须轻拿轻放,严禁碰撞或在地上滚动。

(10)涂料仓库、涂装车间内不准调漆,以免挥发性有机化合物扩散,影响安全和健康。调漆及涂装现场不存放过多的涂料,及时密封好用完的涂料。使用过的涂料密封后存放在经消防认证的防爆柜内。严禁在涂料仓库和涂料周围堆放棉布纸屑等易燃物质。用完的涂料空桶应放在通风的场所,定期处理。

(11)相关人员应每天检查涂料使用及存放情况,对相关标识、设备、设施、场地进行维护,如有异常情况,按规定予以处理。对于作业过程中产生的各类废弃物也要及时规范的处理,如废油漆、废溶剂可倒入能密封的金属回收桶内,将用过的擦拭布、过滤网、涂料罐置于防火金属垃圾桶内。

(12)仓库管理员及相关操作人员必须严格遵守以上管理规定,禁止无关人员入内,禁止在危险区内吸烟及明火作业,禁止携带火柴、打火机等进入涂料、涂装区。保持所有区域的整洁有序、保持安全通道的畅通。

## (三)个人的安全防护方法

虽然调漆作业具有一定的危害,但只要采取适当的防护措施,这些危害都是可控和避免的。进行调色操作时,要根据实际工作情况选用合适的个人安全防护用品,不同工序选择的个人防护用品见表1-7。

**调色作业中的安全防护用品选择** 表1-7

| 工 序 | 工作帽 | 护目镜 | 防尘口罩 | 过滤式面罩 | 棉质工作服 | 喷漆服 | 耳塞 | 橡胶手套 | 安全鞋 |
|---|---|---|---|---|---|---|---|---|---|
| 清洁除油 | √ | √ |  | √ | √ | √ |  | √ | √ |
| 查找配方 |  |  |  |  | √ |  |  |  | √ |
| 计量调色 | √ | √ |  | √ | √ | √ |  | √ | √ |
| 喷涂样板 | √ | √ |  | √ | √ | √ |  | √ | √ |
| 比对颜色 | √ |  |  |  | √ |  |  |  | √ |
| 喷枪清洗 | √ | √ |  | √ | √ | √ |  | √ | √ |
| 检查整理 | √ |  |  | √ | √ | √ |  | √ | √ |

在调色作业时的个人安全防护中,最主要的是对呼吸系统的保护,下面我们以过滤式面罩为例,详细介绍其使用和维护方法。

### 1. 过滤式面罩的检查

每次使用面罩前,必须确保其处于正常的使用状态,若发现面具或配件损坏,应更换面具或配件。如某品牌半面型过滤式防护面罩可按下述步骤进行检查:

(1)检查所有塑料及橡胶部分是否出现裂痕、变形、脏物。确保面具,尤其是与脸部贴合密封部分,不能有裂痕或变形(图1-16)。

(2)检查吸气阀,看是否有变形、裂痕、脏污或缺损(图1-17)。

(3)将呼气阀盖卸下,检查呼气阀和阀座是否有脏物、变形、裂痕或老化现象。

(4)检查头带是否完整,松紧带弹性是否完好。

(5)检查活性炭滤芯、过滤棉是否失效。活性炭滤芯的有效工作时间为8~10h,过滤棉通过查看表面吸附颗粒物情况判断,当吸附颗粒物较多时,需要更换新过滤棉。

图1-16 检查面具

图1-17 检查吸气阀

### 2. 过滤式面罩的装配

(1)安装过滤棉。将滤棉放入塑料盖中,使印有字体的一面朝向滤毒罐,将橡胶盖扣向滤毒罐并卡定,如装配正确,滤棉将完全遮住滤毒罐表面,如图1-18所示。

(2)安装滤毒罐。将滤毒罐标记部分对准面具上的标记部分,扣上后以顺时针方向扭转滤毒罐至卡定位置(1/4圈),然后用同样方法安装好另一边的滤毒罐,如图1-19所示。

学习任务一　调色概述

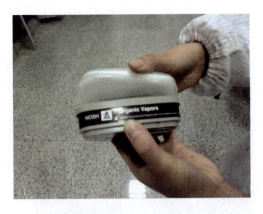

图 1-18　组装过滤部分

图 1-19　组装过滤器与面具

### 3. 过滤式面罩的佩戴

（1）将面罩罩住口鼻，然后将上边的头带框套拉至头顶，如图 1-20 所示。

（2）用双手将下面的颈带拉向颈后，然后将卡扣扣好，如图 1-21 所示。

图 1-20　扣好头带

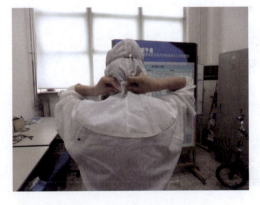

图 1-21　扣好颈带

（3）将面具沿鼻梁稍稍往下调整，以不阻挡视野并保持最佳密闭性为准。

（4）调整头带和颈带的松紧度，在保证密闭效果的前提下不宜太紧或太松。

### 4. 过滤式面罩的密闭性测试

（1）密闭性正压测试。将手掌盖住呼气阀并向外慢慢呼气，如面具向外轻轻鼓胀，而没有明显感觉气体从面部及口罩间泄漏，则表示佩戴密闭性良好；如感觉有气体泄漏，则需要重新调整面罩位置或调整头带、颈带的松紧度，以制止漏气，并重新做以上的正压测试步骤，如图 1-22 所示。

（2）密闭性负压测试。用双手掌心抵住左、右滤棉的中心部分，限制空气流入滤棉的呼吸管道。轻轻吸气，如果面罩有轻微塌陷，并向脸部靠拢，而没有感觉气体从面部和口罩间漏进，则表示佩戴密闭性良好；如感觉有气体漏进，则需要重新调整面罩位置或调整头带、颈带的松紧度以制止漏气,重新做以上负压测试步骤,直至密闭性良好,如图1-23所示。

图1-22　正压测试

图1-23　负压测试

如果佩戴的口罩不能达到良好的密闭性要求,则表示面罩没有调节好或面罩损坏,请勿戴着密闭性不好的面罩进入污染区。

### 5. 过滤式面罩的清洗和储存

图1-24　日常清洗面具

(1)每次使用后,可用酒精棉将面罩擦拭干净,特别是面罩内部,如图1-24所示。

(2)面罩使用一段时间后要彻底清洁。一般清洁方法是将面罩(不包括滤棉或滤毒罐)浸在温热的清洁液中,水温不超过50℃,用软刷仔细刷洗干净,如图1-25所示,然后用干净、温和的水进行冲洗,最后在洁净的环境中风干。

(3)每次使用完清洁干净后,将面罩置于能密封的塑料袋或塑料盒里面,并置于远离污染的地方存放,如图1-26所示。

图1-25　彻底清洗面具

图1-26　存放过滤式面罩

### (四)车间的 7S 管理

汽车调色工作中,如果现场管理不到位,不仅影响工作效率、调色质量,而且还有可能

导致火灾、爆炸等严重事故。所以,调色的现场管理至关重要。目前,被各国现代企业所采用主要现场管理理念是 7S,其基本内涵如图 1-27 所示。7S 管理起源于日本,是指在生产现场对人员、机器、材料、方法、信息等生产要素进行的有效管理。"7S"是日文 SEIRI(整理)、SEITON(整顿)、SEISO(清扫)、SEIKETSU(清洁)、SHITSUKE(素养)、SAVE(节约)、SAFETY(安全)七个单词的统称。7S 管理对于提升企业形象、提高员工素养、促进工作效率、保障安全生产、保证产品品质、减少浪费、降低成本等方面都起到了很好的效果。

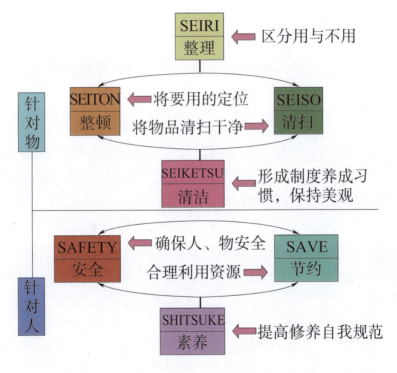

图 1-27　7S 管理

(1)整理。整理是指区分要与不要的东西,在岗位上只放置适量的必需品,其他一切都不放置。其目的是为了腾出空间,防止误用。

(2)整顿。整顿是指整顿现场秩序,将需要的东西加以定位放置并且加以标示(保持在需要的时候能立即取出的状态),这是提高效率的基础。其目的为了

创造井井有条的工作秩序。

(3)清扫。清扫是指将岗位变得干净整洁，设备保养完好，创造一尘不染的环境。目的是为了消除"脏污"，保持现场干净明亮。

(4)清洁。清洁是指将前3S进行到底，并且规范化、制度化。其目的是形成制度和惯例，维持前3个S的成果。

(5)素养。素养是指建立并形成良好的习惯与意识，从根本上提升人员的素养。其目的是为了提升员工修养，培养良好素质，提升团队精神，实现员工的自我规范。

(6)安全。安全是指让人人有安全意识，人人按安全操作规程作业。目的是为了凸显安全隐患，减少人身伤害和经济损失。

(7)节约。节约是指对时间、空间、能源等方面的合理利用，以发挥它们的最大效能。其目的是为了创造一个高效率的、物尽其用的工作场所。

### 三、学习拓展

涂料施工中，安全操作是防止火灾伤亡事故的一个重要措施。在涂装材料中，有机溶剂是发生火灾与爆炸的主要物质。

#### 1. 燃烧与爆炸

(1)闪燃点。可燃性液体的蒸气与空气形成可燃混合气体，遇到明火而引起闪电式燃烧，这种现象称为闪燃。引起闪燃的最低温度称为该可燃气体的闪点。根据闪点不同将物质的火灾危险等级分为三级：

①一级火灾危险品。闪点为21℃以下的物品，极易燃烧。

②二级火灾危险品。闪点为21~70℃之间的物品，一般易燃烧。

③三级火灾危险品。闪点为70℃以上的物品，难于燃烧。

(2)着火点。着火点是溶剂蒸气遇火能燃烧5s以上的最低温度，比闪点略高。

(3)自燃点。自燃点是不需要借助火源，物质加热到一定的温度后自行燃烧的最低温度，比闪点高得多。

(4)爆炸范围。可燃性气体与空气混合形成爆炸性混合气体，点火即爆炸。为了确保安全，汽修厂燃油烤房烘烤时，要求易燃气体和溶剂蒸气的体积应控制在下限浓度的25%以下。

(5)溶剂蒸气密度。易燃性溶剂的蒸气一般比空气重，有积聚在地面和低处的倾向，因此通风换气口应该设置在接近地面处。

#### 2. 灭火方式

(1)移去或隔离已经燃烧的火源,熄灭火焰。

(2)隔绝空气,切断氧气,使火焰窒息,或者将不燃烧的气体(如二氧化碳)喷射到燃烧的物体上,使空气中的氧气含量下降到16%以下,熄灭火焰。

(3)用冷却法把燃烧物的温度降低到着火点以下,即可以灭火。

#### 3. 灭火器

(1)灭火器的种类。按其移动方式分为手提式和推车式;按驱动灭火剂动力来源分为储气瓶式、储压式、化学反应式;按所充装的灭火剂分为泡沫、二氧化碳、干粉、卤代烷类(例如常见的1211灭火器),还有酸碱、清水灭火器等。

(2)灭火器的型号。常见的有 MP、MPT、MF、MFT、MFB、MY、MYT、MT、MTT等型号。这些字母的含义如下:第一个字母 M 表示灭火器;第二个字母 F 表示干粉,P 表示泡沫,Y 表示卤代烷,T 表示二氧化碳;有第三个字母的,T 表示推车式,B 表示背负式,没有第三个字母的表示手提式。

(3)灭火器使用注意事项。涂料仓库及其操作间常用手提式泡沫、二氧化碳、干粉或卤代烷灭火器,使用时需要注意以下事项:

①在室外使用时,应选择在上风方向或侧风方向喷射,不能逆风操作。

②灭火时对准火焰根部连续喷射(图1-28)。如果是液体着火,切忌直接对准液面喷射,以免由于喷射流的冲击,反而将燃烧的液体冲散或冲出容器,扩大燃烧范围。

图1-28　灭火器灭火

③泡沫灭火器搬运时不得过分倾斜,更不可颠倒,以免两种药剂混合而提前喷出。灭火时应始终保持倒置状态,否则将会中断喷射。不可将筒底朝向下巴或其他人,否则会伤害自己或他人。每隔两年进行一次水压试验,每年要更换药剂,并注明换药时间。

④二氧化碳灭火器使用时,要戴上手套,防止手被冻伤,在空气不流通的火场使用二氧化碳灭火器后,必须及时通风。二氧化碳灭火器不可放在采暖或加热设备附近以及阳光强烈照射的地方,存放温度不要超过55℃。每隔5年要进行一次水压试验。

⑤干粉灭火器一经打开,不论是否用完,都必须进行再充装,充装时不得变换干粉品种。每隔5年或每次在充装前,应进行水压试验。

⑥卤代烷类灭火器(如1211灭火器)可用于扑救液体涂料火灾。每隔半年检查一次灭火器上的压力,每隔5年或再次充装灭火剂前,应进行水压实验,合格后方可继续使用。

### 4. 消防栓

消防栓是最基本的消防设施(图1-29)。水是天然灭火剂,资源丰富,易获取和储存,其自身和在灭火过程中对生态环境没有危害作用。水灭火系统包括室内外消火栓系统、自动喷水灭火系统、水幕和水喷雾灭火系统等。

图1-29 消防栓

## 四、学习记录与评价

### 1. 理论知识记录

(1)汽车调色的主要原因是＿＿＿＿＿＿＿＿＿＿＿＿

(2)汽车调色的主要流程是＿＿＿＿＿＿＿＿＿＿＿＿
＿＿＿＿＿＿＿＿＿＿＿＿＿＿＿＿＿＿＿＿＿＿＿＿

(3)汽车产生色差的主要原因有(　　　)。

　　A. 汽车制造时的原因　　　　　　B. 汽车使用时的原因

　　C. 涂料的原因　　　　　　　　　D. 调色系统的原因

　　E. 调色操作的原因　　　　　　　F. 喷涂的原因

(4)在汽车调色、涂装作业中,对人体有害的物质主要是＿＿＿＿、＿＿＿＿、＿＿＿＿三类;对自然环境有害的物质主要是＿＿＿＿、＿＿＿＿、＿＿＿＿三类。

(5)涂料着火时,可以采用以下灭火器材灭火:＿＿＿＿＿＿＿＿＿＿＿＿＿＿＿＿＿＿＿＿＿＿＿＿＿＿＿＿＿＿＿＿＿＿＿＿

### 2. 实操数据记录

(1)请检查本单位涂料仓库、调漆间及涂装车间等区域,结合车间安全环保措施相关要求,完成表1-8中的相关内容。

**车间安全环保检查整改单**　　　　　　表 1-8

| 实训项目 | 调查车间安全、环保及7S管理情况 | | | |
|---|---|---|---|---|
| 实训准备 | | | | |
| 检查区域 | 区域一 | 区域二 | 区域三 | 区域四 |
| 安全设施 | | | | |
| 环保设施 | | | | |
| 7S 管理 | | | | |
| 序号 | 需要整改的地方 | | 建议整改方法 | |
| 1 | | | | |
| 2 | | | | |
| 3 | | | | |

(2) 请根据过滤式面罩的使用和维护情况，填写表 1-9 中的内容。

**过滤式面罩使用和维修记录表**　　　　　　表 1-9

| 项目 | 面罩检查 | 面罩装配 | 面罩佩戴 | 面罩测试 | 面罩维护 |
|---|---|---|---|---|---|
| 完成内容 | | | | | |

3. 评价

(1) 自我评价。请根据自己对本节专业知识掌握情况，完成表 1-10 中的相关内容。

**自 我 评 价 表**　　　　　　表 1-10

| 评价内容 | 完全掌握 | 部分掌握 | 少部分掌握 |
|---|---|---|---|
| 理论知识 | | | |
| 车间的安全环保措施 | | | |
| 个人的安全防护方法 | | | |
| 车间的7S管理 | | | |

(2) 小组评价。请组长根据组员表现,完成表 1-11 中的相关内容。

小组评价表　　　　　　　表 1-11

| 序号 | 评价项目 | 评价情况(优秀/合格/不合格) | 备注(填写不合格原因) |
| --- | --- | --- | --- |
| 1 | 着装符合要求 | | |
| 2 | 能合理规范地使用仪器和设备 | | |
| 3 | 能按照安全和规范的流程操作 | | |
| 4 | 遵守学习、实训场地的规章制度 | | |
| 5 | 能保持学习、实训场地整洁 | | |
| 6 | 团结协作情况 | | |

参与评价的同学签名:＿＿＿＿　日期:＿＿＿＿

(3) 教师评价与建议(针对学生学习记录完成情况、实训情况、学习态度等进行评价):

＿＿＿＿＿＿＿＿＿＿＿＿＿＿＿＿＿＿＿＿＿＿＿＿＿＿＿＿＿＿＿＿＿＿＿＿＿＿
＿＿＿＿＿＿＿＿＿＿＿＿＿＿＿＿＿＿＿＿＿＿＿＿＿＿＿＿＿＿＿＿＿＿＿＿＿＿

教师签名:＿＿＿＿　日期:＿＿＿＿

## 五、技能考核标准

本考核项目需独立完成,主要检验学员对车间安全、环保、现场管理知识的掌握情况,对个人安全防护用品的使用和维护技能掌握情况。表 1-12 为技能考核标准表。

实训技能考核标准表　　　　　　　表 1-12

| 班级 | | 姓名 | | 考核日期 | |
| --- | --- | --- | --- | --- | --- |
| 考核说明 | 1. 每人独立的完成规定区域的调查,并完成相关表格的填写;<br>2. 每人独立完成过滤式面罩从检查到清洁维护的操作,并完成相关表格的填写;<br>3. 在 40min 内完成考核项目,评判每步的正确性及规范性 | | | | |

续上表

| 评分项 | 得分条件 | 配分 | 得分 |
|---|---|---|---|
| 安全设施 | 能正确列出每个区域的主要安全设施(每列出一项得1分) | 5 | |
| | 掌握主要安全设施的使用方法(口述灭火器的使用方法,根据描述完整性扣1~5分) | 5 | |
| | 能正确的对安全设施进行点检和维护(口述灭火器的点检和维护方法,根据描述完整性扣1~5分) | 5 | |
| | 能指出每个区域存在的安全问题(每列出一项得2分) | 6 | |
| | 能根据上面的问题提出合理化建议(每合理建议一条得3分) | 10 | |
| 环保设施 | 能正确列出每个区域的主要环保设施(每列出一项得2分) | 6 | |
| | 掌握主要环保设施的使用方法(口述喷漆漆雾的过滤方法,根据描述完整性扣1~6分) | 6 | |
| | 能正确地对环保设施进行点检和维护(口述喷漆设备环保装置的点检和维护方法,根据描述完整性扣1~6分) | 6 | |
| | 能指出每个区域存在的环保问题(每列出一项得2分) | 6 | |
| | 能根据上面的问题提出合理化建议(每合理建议一条得3分) | 10 | |
| 7S管理 | 能指出现场存在的7S问题(每列出一项得2分) | 5 | |
| | 能根据上面的问题提出合理化建议(每合理建议一条得3分) | 15 | |
| 过滤式面罩使用与维护 | 能正确地检查面罩(未正确规范做好扣1~3分) | 3 | |
| | 能正确地装配面罩(未正确规范做好扣1~3分) | 3 | |
| | 能正确地佩戴面罩(未正确规范做好扣1~3分) | 3 | |
| | 能正确地测试面罩(未正确规范做好扣1~3分) | 3 | |
| | 能正确地清洁和维护面罩(未正确规范做好扣1~3分) | 3 | |
| 总分 | | 100 | |

# 学习任务二 查找配方

## 学习目标

☆**知识目标**

1. 了解汽车涂装及涂料的基本常识(初级技能);
2. 掌握汽车涂层分类及其作用(初级技能);
3. 掌握汽车面漆的种类及其特点(初级技能);
4. 掌握汽车面漆的质量要求(初级技能)。

☆**技能目标**

1. 能正确使用各种颜色工具(初级技能);
2. 能正确进行面漆鉴别和损伤评估(初级技能);
3. 能准确地查找到颜色代码(初级技能);
4. 能熟练地查找到颜色配方(初级技能)。

## 建议课时

6~8课时。

## 任务描述

对有色差的车辆或颜色,需要进行调色处理。调色时,需要先确定涂料类型、颜色效果,然后准确地查找出该颜色的配方。

## 一、理论知识准备

### (一)汽车涂装及涂料简介

汽车涂装可以分为制造涂装和维修涂装,这两种涂装形式在技术、工艺、设备、材料上有很多相同的地方,又有许多的不同。

汽车制造厂为了能满足大批量、流水线、自动化、高效率生产形式,一般使用烘烤聚合型涂料,采用电泳、静电喷涂等形式来进行涂层的涂装。每道涂层完成后,在130~230℃高温下烘烤干燥,故原厂漆也叫高温漆。汽车制造涂装的一般流程如图2-1所示。

## 学习任务二　查找配方

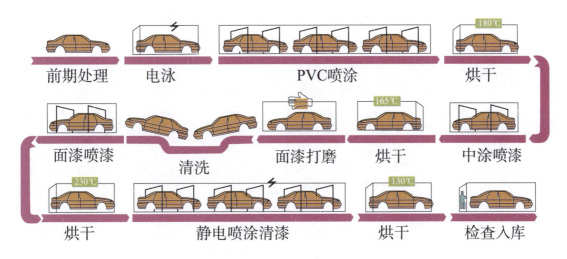

图 2-1　汽车制造涂装流程

汽车维修企业维修的车辆，由于都是已经装配好的，且每次维修的车型、颜色、损伤部位及损伤程度都不一样，所以很难采用汽车制造涂装的生产方式进行施工。目前，汽车维修企业主要采用人工作业、手工操作的形式进行涂层修复，每道涂层施工完后采用自然或低温（60℃）烘烤的方法干燥。双组分修补涂料干燥后能形成类似于原厂高温漆的立体交联结构，达到和原厂高温漆类似的效果，是目前恢复原厂涂层质量的最佳维修涂料。汽车维修涂装的一般流程如图 2-2 所示。

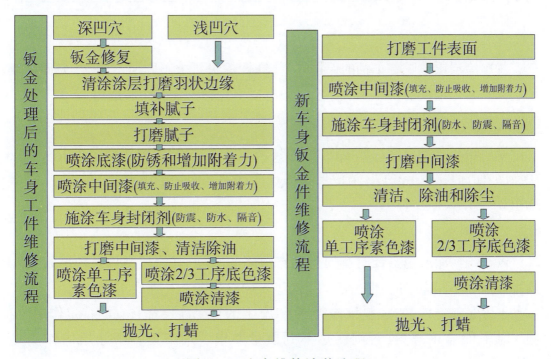

图 2-2　汽车维修涂装流程

汽车调色技术

汽车制造涂装和汽车维修涂装时,车身上使用的涂料产品及其对应关系见表 2-1。汽车调漆人员了解汽车涂装及涂料的相关知识,有助于更好地选择、使用涂料,以及指导涂装人员进行正确的施工。

汽车涂装使用的涂料产品　　　　表 2-1

| 涂层类型 | | 汽车制造厂使用的涂料 | 汽车维修企业使用的涂料 |
| --- | --- | --- | --- |
| 底涂层 | | 阴极电泳漆,如环氧电泳漆、丙烯酸电泳漆、聚氨酯电泳漆 | 环氧底漆、侵蚀底漆(磷化底漆) |
| 腻子层 | | 高温状态下容易开裂、脱落,制造厂禁止使用 | 原子灰、合金原子灰、填眼灰 |
| 中涂底漆层 | | 氨基聚酯底漆 | 丙烯酸聚氨酯底漆、硝基底漆 |
| 面涂层 | 底色漆层 | 丙烯酸漆 | 丙烯酸漆 |
| | 清漆层 | 氨基聚酯丙烯酸清漆 | 丙烯酸聚氨酯清漆 |

### (二)汽车涂层及其作用

汽车涂层层数随着车辆的保护性、装饰性等级要求不同而不同,作为保护性和装饰性要求最高的轿车车身涂层一般有以下几种形式的涂层结构。

#### 1. 原厂涂层

原厂轿车车身涂层一般包括底涂层(磷酸锌层、电泳底漆层都属于底涂层)、中涂层、面涂层(底色漆层、清漆层都属于面涂层)三层结构,其涂层结构与膜厚如图 2-3 所示。

#### 2. 维修涂层

汽车维修涂层主要针对有损伤和有缺陷的车辆,其涂层结构及膜厚根据实际维修情况不同而不同,但一般涂层类型及膜厚如图 2-4 所示。

不管是制造涂装,还是维修涂装,汽车上的每个涂层都有它的特定作用,在施工时不能偷工减料,否则就达不到质量要求。汽车上各个涂层的作用见表 2-2。

清漆层(30~40μm)
水性色漆(15μm)
中涂漆(30~40μm)
电泳底漆15~20μm
磷酸锌层(4~5μm)
钢板

漆膜总厚度约为100~120μm

图 2-3　汽车原厂涂层及膜厚

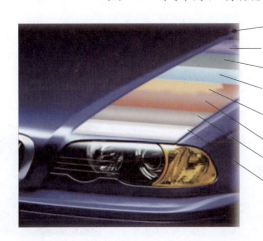

清漆层(50~60μm)
色漆(15~20μm)
打磨指示层
中涂底漆(40~50μm)
原子灰
防锈底漆(15~20μm)
磷酸锌层
钢板

漆膜总厚度约为130~150μm

图 2-4　汽车维修涂层及膜厚

**汽车涂层及其作用**　　　　　　　　　　　表 2-2

| 涂层类型 | 主要作用 |
| --- | --- |
| 底涂层 | 保护底材、防止锈蚀、提高附着力。使汽车涂层获得耐久性和耐腐蚀性 |
| 腻子层 | 填补凹陷、划痕、缝隙、针孔等,恢复或塑造表面形状 |
| 中涂层 | 填补细小缺陷、封闭底层、提高附着力、增强抗石击能力、提高涂膜厚度 |
| 面涂层 | 提供颜色、亮度、机械性能、保护性能 |

## (三) 汽车面漆的种类及其特点

汽车面漆种类很多,分类方法也很多。下面我们主要介绍按照颜色效果和施工工序分类的方法。

### 1. 按照颜色效果分

汽车面漆根据颜色层所含颜料颗粒情况可以分为纯色漆、金属漆和珍珠漆三种。

纯色漆也叫素色漆、实色漆或普通漆,它是将各种颜色的颜料研磨成非常细小的颗粒,然后均匀地分散在树脂基料中而制成的各种颜色的涂料(图2-5 所示为纯色漆效果)。纯色漆只呈现单一的颜色。

金属漆就是除普通着色颜料外,还添加了银粉(图2-6)、铜粉或珍珠粉到树脂基料中而制成的涂料。经过金属漆涂装后的涂层表面看起来更加晶莹闪亮,而且在不同的角度下,由于光线的折射,颜色看起来更丰富、更闪烁、更有层次感(图2-7)。目前,金属漆在汽车上大量应用,特别是在轿车面漆中,其已占主导地位。

图2-5　纯色漆涂层效果　　图2-6　银粉颜料颗粒　　图2-7　金属漆涂层效果

珍珠漆,也叫珠光漆,它是根据天然珍珠的原理,在片状的云母片上加上不同厚度的钛白粉或氧化铁等无机氧化物,做成细薄片状(图2-8),加入树脂基料中而制成的涂料。珍珠漆具有很高的镜面光泽,珠光细腻柔和,装饰性极佳,同时又具有随视角变化而变化的闪光效应。当光线照在这些人造珍珠片上时,就可以产生类似珍珠的彩虹效果(图2-9)。目前,珍珠漆应用越来越多。

### 2. 根据施工工序分

汽车面漆根据施工时的工序可以分为单工序面漆、双工序面漆及三工序面漆。

单工序是指喷涂同一种类型的涂料即可形成完整涂层的施工方式(图2-10)。采用单工序做法的面漆即单工序面漆。目前,轿车上采用单工序做法的一般是双组分纯色漆,这种做法施工简单,调色、修补也相对简单。

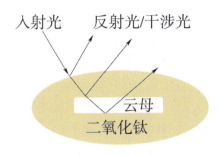
a) 珍珠漆产生颜色的原理图

b) 实际放大后的效果图

图 2-8　珍珠颜料颗粒

双工序是指需要喷涂两种不同类型的涂料才能形成完整涂层的施工方式(图 2-11)。采用双工序做法的面漆即双工序面漆,这种面漆施工时需先喷涂一层提供颜色效果的单组分底色漆,然后再喷涂一层提供光泽和保护效果的双组分罩光清漆,这两种涂层结合在一起,最终形成完整的面漆涂层。目前,轿车上采用双工序做法的主要有纯色漆、金属漆及遮盖力较好的珍珠漆,这也是目前汽车上采用的最主要的施工方式。

图 2-9　珍珠漆涂层效果

三工序则是针对遮盖力较差的涂料,在双工序施工方法的基础上,多一道打底色涂层的做法(图 2-12)。如三工序白珍珠面漆,通常是先喷涂一层白色纯色底色漆完全遮盖底层颜色,然后再喷涂一层半透明的白珍珠色漆提供珍珠颜色效果,最后喷一层罩光清漆。三工序面漆的色漆多一层,且其珍珠层为半透明效果,一方面能使底层颜色被反射出来,另一方面半透明的珍珠层经过透射、反射、干涉几种效果叠加,使正、侧面色调反差强烈,所以成为人们非常喜欢的颜色。三工序面漆颜色效果丰富,但整喷、修补及调色难度都相对较高。

图 2-10　单工序施工方法

图 2-11　双工序施工方法

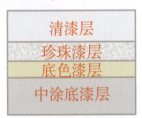

图 2-12　三工序施工方法

### (四)汽车面漆的质量要求

在选择汽车修补漆进行调色和涂装时,除考虑颜色调配的准确性外,还必须选择符合质量要求的产品,否则有可能因为涂料质量不过关(如耐候性较差的产品),导致修补过的部位在保质期内出现明显的变色,造成色差返工。

我国地域辽阔,气候环境条件差异较大,对机动车的要求各不相同。各种汽车对涂层的质量要求也不尽相同,《汽车油漆涂层》(QC/T 484—1999)对各种车型和各个部件的涂层要求都有明确的规定。此标准将汽车涂层分10个组和若干等级。分组依据主要是由于汽车零部件的功能不同,而对涂层的要求不同。下面以轿车车身组甲等级为例说明涂层质量要求。

(1)涂层特性。甲等级为高级装饰性涂层,适用于高级轿车、车身覆盖件和装饰性要求高的中级轿车车身。要求涂层具有极优良的装饰性、耐候性和耐水性,适用于各种气候条件。

(2)涂层的主要质量指标。甲等级涂层的主要质量指标见表2-3。

甲等级汽车面漆涂层的质量要求    表2-3

| 项 目 | 性 能 要 求 |
| --- | --- |
| 漆膜外观 | 漆膜丰满、光滑、平整、无颗粒,色彩鲜艳、鲜映性好,光泽不低于90%,无明显色差 |
| 机械性能 | 漆膜应具有良好的附着力(附着力1级)、坚韧耐磨(硬度≥0.6)、耐冲击(冲击≥20kg/cm)、耐弯曲(弹性≤10mm)等 |
| 耐候性及耐老化性能 | 面漆涂料能适应各种自然条件及气候环境,涂层使用4年仍完整(不起泡、不粉化、不生锈、不开裂),允许失光率不大于30%和明显变色 |
| 耐湿热和防腐蚀性 | 面漆涂层在湿热条件下不腐蚀、不起泡、不变色和不失光。具体指标:按盐雾试验法700h合格,或使用8年不应产生穿孔腐蚀或因锈蚀产生结构损坏;浸在50℃水中10个循环允许变粗,但不应起泡;在-40~+60℃内使用稳定(即温变10个周期不应开裂) |

续上表

| 项 目 | 性 能 要 求 |
|---|---|
| 耐化学药品性 | 面漆涂层使用过程中,如与蓄电池酸液、润滑油和制动液、汽油及各种清洗剂等直接接触,擦净后接触面不应有变色、起泡或失光等现象 |
| 施工性能 | 用于汽车制造涂装的涂料必须能很好地适应流水线作业,在高温条件下干燥迅速,具有较好的重涂性(即不打磨情况下再涂面漆,结合力良好)和修补性。汽车修补用面漆必须与原厂漆质量相匹配,在低温或自然环境下能较快地被干燥,适应手工修补涂装 |
| 配套性与成本 | 面漆选择时除考虑涂料的保护性、装饰性外,还必须考虑与下面涂层的配套性,采用不同涂层及涂料组合来确保涂装质量最佳化、生产成本最小化 |

## 二、任务实施

### (一) 作业前的准备

#### 1. 颜色工具的准备

(1)色卡。色卡是根据不同颜色配方做出来的颜色卡片。通过色卡,可以直观地看出涂料颜色的属性及相关信息。色卡的分类一般采用两种方式:一种是按照色系来分,如红色系、黄色系、蓝色系等(图2-13);另一种是按汽车厂商来分,如奔驰、宝马、奥迪等(图2-14)。

图2-13 按色系分类的色卡

图2-14 按汽车厂商分类的色卡

色卡是很重要的调色工具,一套完整、齐全的色卡会对调漆工作起事半功倍的效果。如某涂料公司的 CPS 全能对色卡系统(图 2-13),内含数千张用修补漆喷涂而成的色片,他们通过色相进行划分,组成不同颜色的色扇,再把色扇固定在色卡框中,组成了一个丰富的颜色色卡库。基本上市面所有的汽车车身和保险杠、侧饰、衬边压条、纹理涂料的颜色都能在上面找到对应的颜色色卡。这种齐全的色卡减少了颜色样板喷涂工序(过渡喷涂时无需制作小样板),降低了微调工作量,节省了调色时间及成本,使调色更快更准确。CPS 色卡扇封面文字及说明如图 2-15 所示,色卡背面文字及说明如图 2-16 所示。

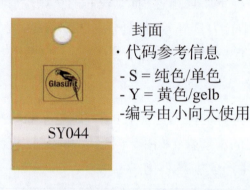

图 2-15　CPS 色卡封面及说明

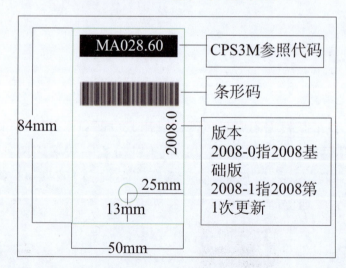

图 2-16　CPS 色卡背面及说明

(2)测色仪。测色仪全称多角度分光光度仪/色差仪,它主要根据 CIE $L^*a^*b^*$ 原理(国际光线标准组织推荐的色彩管理标准),测量显示出样品与被测样品的色差 $\Delta E$ 以及 $\Delta Lab$ 值、反射率等数据。汽车调色使用的最新式便携测色仪兼具色彩成像和多角度测量功能,能对物体的色彩、闪烁度和颗粒度进行特性表述,大大提高了颜色测量的精度。测色完成后除能直接读取数据外,还能连接计算机,通过涂料厂家提供的颜色配方查询软件,搜索出最接近的颜色及相关信息。如某品牌最新测色仪(图2-17)能精确分析该颜色和色母效果在调色过程中的颜色、纹理、颗粒度;可利用Wi-Fi,将调色室的计算机和全球在线颜色查询系统进行无线连接,能准确快速地找到所测颜色的配方,同时也提供颜色微调功能,使调色变得轻松且快捷。

(3)颜色配方系统。目前一些规范的汽车涂料公司都有自己完善的颜色配方系统,用户通过安装计算机客户端、手机APP,或者登陆颜色查询网站、微信公众号等方式(图2-18),将颜色代码或相关信息输入颜色查询界面,就可以查到所需要的颜色配方及相关信息。不同形式的颜色配方系统,其功能及特点各有区别,如计算机客户端形式功能最为强大,除提供颜色配方查询功能外,还可以对涂料进行库存管理、连接测色仪等;手机APP及微信公众号形式一般只提供简单的颜色配方查询功能,主要特点是方便快捷;在线网站形式更新及时,能提供很多颜色相关的信息。

图2-17　测色仪

图2-18　颜色配方系统

## 2.其他工具及材料的准备

在查找配方任务中,还需要用到的工具材料有抛光机、抛光蜡、清洁剂、擦拭布等(图2-19)。

图2-19　抛光机、抛光蜡、清洁剂、擦拭布

## (二)面漆鉴别与损伤评估

正确地鉴别面漆的颜色效果,采用与原涂层相同的施工标准,能大大提高调色的准确性。正确地评估受损情况,确定维修范围,预估涂料用量,这也是调漆人员必须具备的基本能力之一。汽车面漆的鉴别和损伤评估基本方法如下:

(1)清洁。在比色前,应先将汽车或调色样板清洁干净,以露出面漆本来的光泽和颜色,确保调色的准确性。对于较脏的车辆,可以先将整车清洗一遍,然后对维修部位及其周围区域进行除油处理(图2-20)。如果比色部位涂层光泽较差、氧化褪色,则可以通过抛光的方式去掉表面的氧化层(图2-21),恢复面漆光泽和本来的颜色后再进行比色。

图2-20 除油

图2-21 抛光

(2)面漆鉴别。面漆的颜色效果及施工工序的鉴别可以通过直接观察的方法进行。

涂层表面呈现单一颜色,无肉眼可见颗粒,则表明其是纯色漆。如果在此纯色漆上能看到单独的透明层,则表明采用的是双工序施工方法;否则,说明此漆采用的是单工序施工方法。

涂层表面有肉眼清晰可见的颗粒,且颗粒颜色比较单一,没有明显的珍珠彩虹效果的为金属漆;颗粒颜色丰富,有明显类似珍珠彩虹效果的为珍珠漆(在强光照射下查看效果最明显)。金属漆一般采用双工序施工方法,遮盖力较好的珍珠漆配合相同灰度的中涂底漆也可以采用双工序做法,遮盖力较差的珍珠漆一般采用三工序的施工方法。

调色时选用的涂料类型及施工工序不同,可能导致色差。如原涂层是采用双工序工艺的红色纯色面漆,如果调色修补时改为单工序工艺,则喷涂后的红色表面缺乏一层清漆层,光线反射效果会不同,导致新喷颜色效果与原涂层存在一定的视觉上的差异(图2-22)。

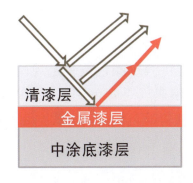

图 2-22　不同工序的颜色效果

（3）损伤评估。对受损情况进行评估，主要是确定维修范围，正确预估涂料的用量。根据受损情况，大致可以判断出损伤范围、面漆前处理范围（图 2-23），然后分析面漆是进行整板喷涂，还是过渡喷涂。整喷涂料用量较多，对颜色的匹配性要求较高；过渡喷涂涂料用量较少，对颜色的匹配性要求稍低。

涂料的用量需要根据喷涂面积来确定，但不同品牌的涂料在浓度、颜色遮盖力、施工方法上有所不同，其用量也略有差异，可以根据经验或者涂料厂家的推荐来进行预估，合理控制成本、避免浪费。每次根据配方计量调色时，一般建议最小调漆量不少于 100～150mL，否则由于个别色母在配方中的含量太少，称量精度不够，从而影响调色的准确性。图 2-24 所示

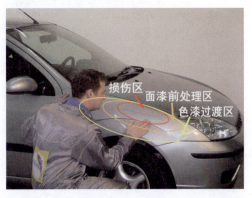

图 2-23　评估

为某品牌涂料配方系统，可以根据维修车型、维修部位给出推荐的涂料用量及配方。

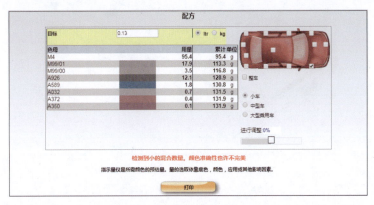

图 2-24　涂料用量及配方

### (三)查找颜色代码

汽车制造厂和汽车修补漆厂家一般会将汽车颜色按一定规律进行编码,以方便生产人员和维修人员随时查看,这个编码就是颜色代码(或车色代码)。通过颜色代码能快速地查到颜色配方,目前获得颜色代码的方式主要有以下几种。

**1. 通过汽车制造商提供的信息查询颜色代码**

汽车制造商标注有颜色代码的资料一般为:新车信息标签(图2-25)、车辆维修手册、车辆铭牌(图2-26)等。调色人员可以通过查询以上资料获得汽车的颜色代码。

图2-25　新车信息标签

图2-26　车辆铭牌

不同公司,其代码编制规则不同,一般为数字或字母或其组合形式。不同型号的汽车,其颜色代码铭牌所在位置也有所不同,如图2-27和表2-4所示。

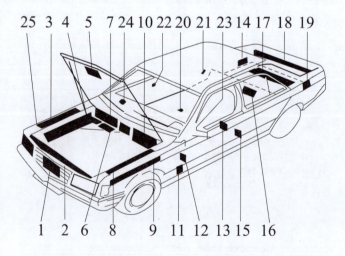

图2-27　常见汽车颜色代码铭牌所在位置图

注:图中序号对应表2-4中的漆码位置。

**常见汽车颜色代码铭牌位置表**　　　　　表 2-4

| 车厂车牌 | 对应中文 | 漆码位置 | 车厂车牌 | 对应中文 | 漆码位置 |
|---|---|---|---|---|---|
| Alfa Romeo | 阿尔法·罗密欧 | 5、7、8、18、19 | Mitsubishi | 三菱 | 2、3、7、8 |
| BMW | 宝马 | 3、4、8 | Nissan | 日产 | 2、4、5、7、8、10、15 |
| Citroen | 雪铁龙 | 3、4、7、8、10 | Opel | 欧宝 | 2、3、4、7、8、10、19 |
| Ferrari | 法拉利 | 2、5、8、14、18、19 | Peugeot | 标志 | 2、3、4、7、8、9 |
| Fiat | 菲亚特 | 2、3、4、5、10、18、19 | Porsche | 保时捷 | 5、7、10、12、14、15 |
| Ford | 福特 | 2、3、7、8、10、15、22 | Renault | 雷诺 | 3、4、5、7、8、10、19 |
| GM | 通用 | 19 | Rolls Royce | 劳斯莱斯 | 8 |
| Honda | 本田 | 3、10、15、18 | Saab | 绅宝 | 4、8、10、16、17、20 |
| Hyundai | 现代 | 7 | Skoda | 斯柯达 | 8、10、17 |
| Jaguar | 美洲豹 | 2、5、12、13、15、22 | Subaru | 斯巴鲁 | 1、2、3、8、10 |
| Kia | 起亚 | 10 | Suzuli | 铃木 | 3、4、7、8、10、21 |
| Land Rover | 陆虎 | 2 | Toyota | 丰田 | 3、4、7、10、19 |
| Lexus | 雷克萨斯 | 10 | Volkswagen | 大众 | 1、2、11 |
| Mazda | 马自达 | 2、3、5、7、10、15、21 | Audi | 奥迪 | 14、17、18、19 |
| Mercedes Benz | 奔驰 | 2、3、8、10、12 | Volvo | 沃尔沃 | 2、3、4、6、7、10 |

**注意**：通过此种方法获得的颜色代码，其所代表的颜色是汽车生产时的颜色，适合颜色信息准确、车辆较新时的情况。当汽车涂层经过改色、翻新及严重老化后，其颜色会发生变化，根据此颜色代码查询到的颜色配方不一定准确。

**2. 通过涂料生产商提供的工具查询颜色代码**

（1）色卡。汽车修补漆涂料厂家会根据各个汽车制造厂新出的车身颜色，研制出修补漆配方，并制作出标准色卡。调色人员利用色卡直接跟车身或目标板颜色进行比对，找到完全一致或最接近的色卡，通过查看色卡正面或反面的颜色信息就可以得到颜色代码（图2-28）。用色卡与车身或目标板颜色进行比对时，应将色卡完全贴合在比色部位，然后从不同角度进行观察（图2-29），并判断出两个颜色在色相、明度、彩度及颜料颗粒效果上是否一致。当完全一致时，此色卡对应的代码即为我们要查找的颜色代码。

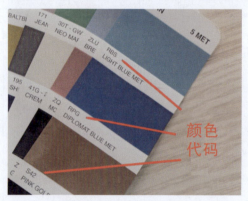
图2-28　颜色代码

图2-29　色卡比对

如果没有完全一致的色卡，当调配纯色漆时，可以选择彩度和亮度比车身颜色高的色卡，在这个色卡对应的配方基础上再进行微调，纯色漆很容易从鲜艳、明亮向灰暗方向调整；当调配金属漆时，可以选择一个侧面稍暗的色卡或一个正面偏亮、侧视偏暗的色卡，在这个色卡对应的配方基础上调色，也很容易通过加大控色剂或白色把颜色校正过来。

通过色卡比对得到的颜色代码所代表的颜色是汽车或目标板实际的颜色，这种方法适用于所有情况，但前提是所用涂料品牌色卡资料必须齐全。

（2）测色仪。测色仪操作简单，配合颜色配方软件，可以快速地查找出最接近的颜色代码和配方等相关信息，能把复杂的调色工作变得快速、方便、准确。测色仪的一般使用方法如下：

①将校正好的测色仪平放到测色部位后，按下按钮开始测量（图2-30）；

②测量完成后将测色仪与装有颜色配方软件的计算机连接（图2-31）；

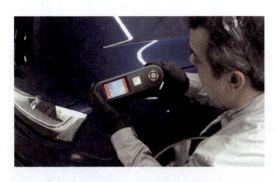

图 2-30　测量颜色

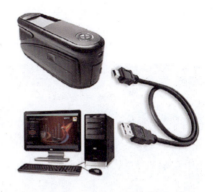

图 2-31　连接计算机

③打开软件连接测色仪的界面,将测色仪里面的数据导入(图 2-32);

④根据提供的选项,选择颜色最匹配、颗粒最接近的颜色项,找到其颜色代码或配方(图 2-33)。

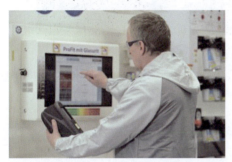

图 2-32　导入数据

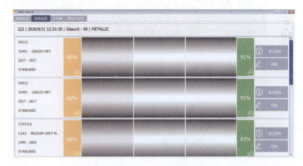

图 2-33　选择颜色

**注意:**通过测色仪获得颜色代码或颜色配方的方法一般比较准确,对于没有任何车辆颜色信息或色卡资料的情况比较适用。

## (四)查找颜色配方

### 1. 利用色卡获得颜色配方

部分涂料厂家会将一些常用的颜色配方直接印在色卡背面(图 2-34),这样可以方便、快捷地获得颜色配方。但是受制于色卡大小,一般能提供的信息不是很多,如没有提供灰度建议、其他量的配方等。

### 2. 利用颜色配方系统获得颜色配方

利用颜色配方系统获得颜色配方的方法具有更新方便、查找迅速、信息量大等特点,目前使用较多。

东风雪铁龙

| | | |
|---|---|---|
| 色号：KXD | | |
| 车色：草绿 | | |
| 车型：出租车 | | |
| 色母 | 1 升单独量 | 1 升累计量 |
| SC01 | 94.5 | 94.5 |
| SC61 | 342.0 | 436.5 |
| SC54 | 256.7 | 693.2 |
| SC56 | 161.5 | 854.7 |
| SC10 | 149.7 | 1004.4 |
| SC90 | 66.5 | 1070.9 |
| SC29 | 45.4 | 1116.3 |

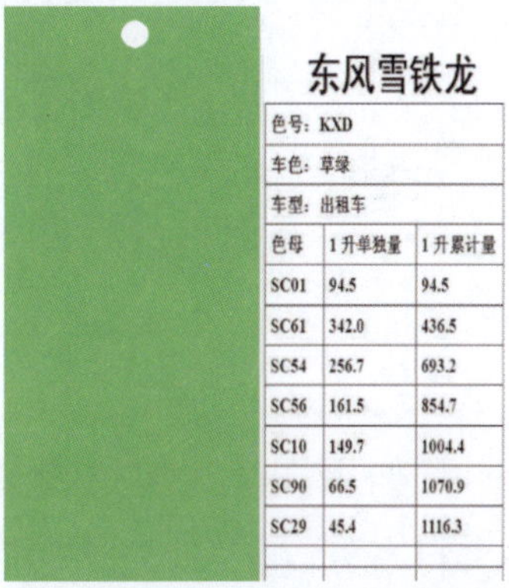

图 2-34　色卡及颜色配方

汽车调色技术

下面我们以某品牌的颜色配方软件为例,介绍利用软件获得颜色配方的方法。

(1)运行程序,打开颜色配方软件界面,如图2-35所示。

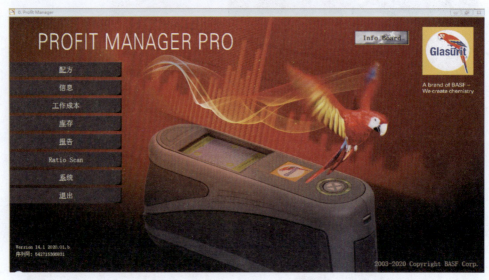

图2-35　颜色配方软件界面

(2)点击"配方"按钮,弹出"搜索颜色信息"页面(图2-36)。

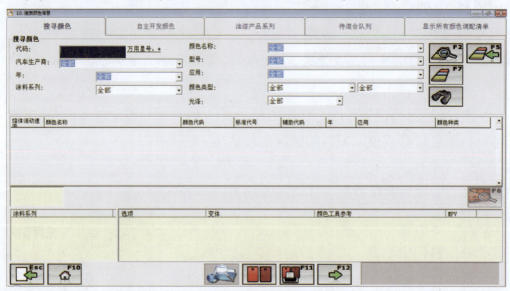

图2-36　搜索颜色信息界面

(3)在"代码"栏里输入颜色代码,然后点击"F2",进行颜色搜寻(图2-37)。

如果知道其他的相关信息,如汽车生产商品牌、车型、生产日期、应用部位、涂料系列、颜色类型、光泽效果等,则可以一并输入。输入的信息越多,最后得到的结果范围就越小、越准确。

图 2-37　颜色搜寻结果界面

（4）分析颜色搜寻结果界面，根据里面提供的信息（如汽车生产商、颜色名称、颜色代码、生产年份、应用部位、涂料系列等），逐步确认并点击，最后就进入到配方界面（图 2-38）。

图 2-38　颜色配方界面

（5）当需要调色时，点击右上调色按钮，进入到调色界面。在数量栏输入需要调配的涂料数量或直接点击需要维修的部位，就可以得到每个色母单独数量和累计数量的配方（图 2-39）。

图 2-39　颜色调色界面

## 三、学习拓展

在查阅涂料资料和颜色信息时,会遇到很多图标、字母、数字或它们的组合,了解其所代表的含义对工作起事半功倍的作用。对于不同公司,其表达方式及含义有所不同,下面以某公司的资料来进行说明。

### 1. 常用图标及其含义

与颜色相关的图标及其含义如图 2-40 所示。与涂装、涂料相关的图标及其含义如图 2-41 所示。

### 2. 常见字母、数字及其组合的含义

(1) CPS 色卡上的字母、数字及其含义。CPS 全能对色卡卡片背面的颜色代码,如 MA391.63,第一个字母代表颜色效果,M 是 Metallit 的意思,代表金属漆系列;S 是 Solid 的意思,代表纯色漆系列。第二个字母代表颜色组群,各字母代表的含义见表 2-5。后面的数字代表颜色编号。

(2) 颜色配方系统里面的字母、数字及其含义。在颜色配方软件里面,输入颜色代码搜寻颜色后,除了提供标准配方外,软件还会提供偏差色供选择(图 2-42),偏差色代号中的字母、数字含义见表 2-6。

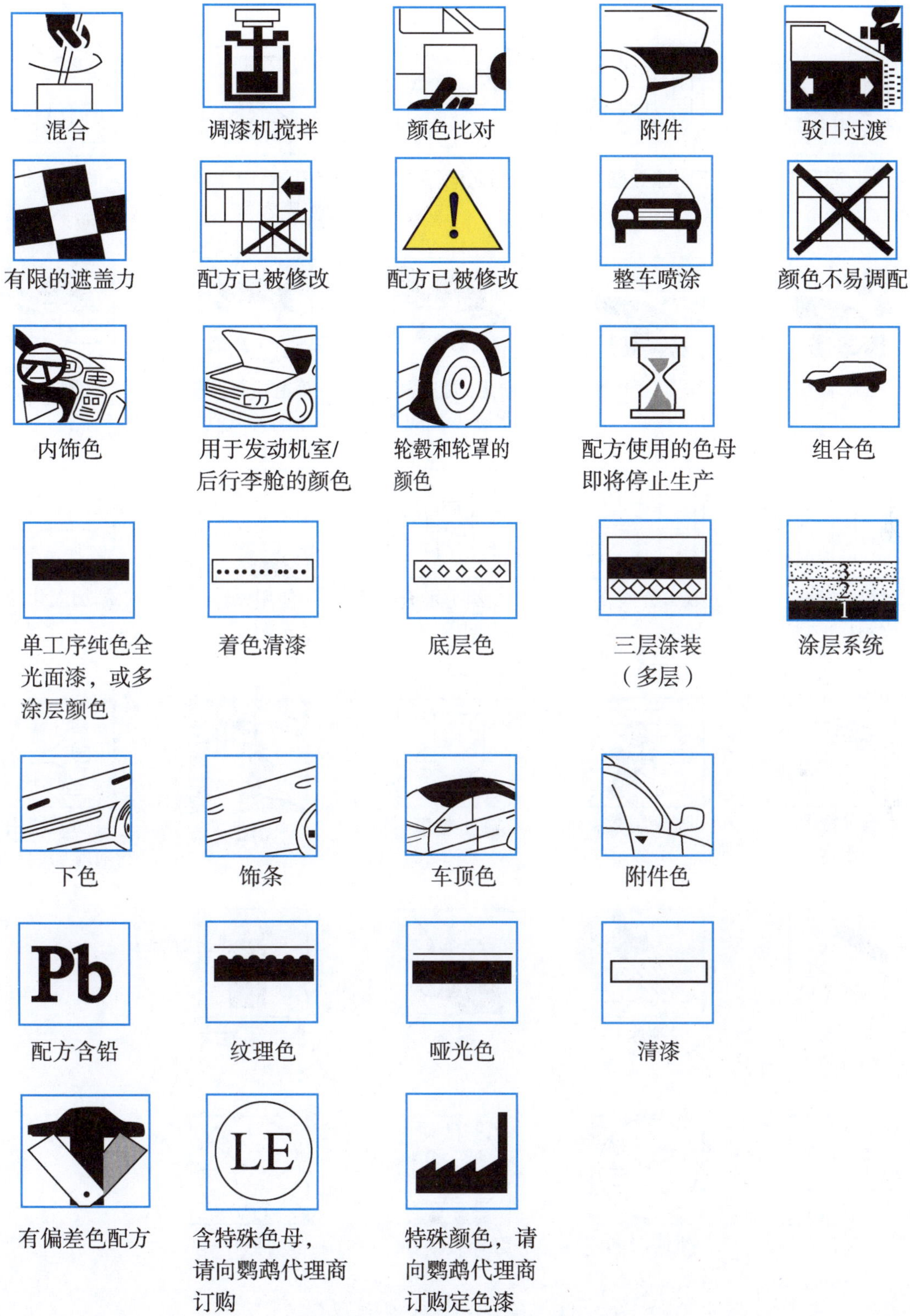

学习任务二 查找配方

 混合
 调漆机搅拌
 颜色比对
 附件
 驳口过渡

 有限的遮盖力
 配方已被修改
 配方已被修改
 整车喷涂
 颜色不易调配

 内饰色
 用于发动机室/后行李舱的颜色
 轮毂和轮罩的颜色
 配方使用的色母即将停止生产
 组合色

 单工序纯色全光面漆，或多涂层颜色
 着色清漆
 底层色
 三层涂装（多层）
 涂层系统

 下色
 饰条
 车顶色
 附件色

 配方含铅
 纹理色
 哑光色
 清漆

 有偏差色配方
含特殊色母，请向鹦鹉代理商订购
特殊颜色，请向鹦鹉代理商订购定色漆

图 2-40 颜色图标及含义

# 汽车调色技术

 需要防冻保护
 于阴凉处储存
 需防潮保护
 使用后应立即盖紧容器
 储存寿命

 手工，湿磨
 手工，干磨
 轨道式打磨机/水磨（气动）
 轨道式打磨机/干磨（气动）
 抛光

 双组分混合比例1:1
 双组分混合比例
 三组分混合比例
 使用调漆比例尺
 添加固化剂

 参见技术说明书
 喷涂层数
 施工粘度
 清洁
 自喷罐使用前应摇匀

 原子灰填补整平
 刷涂
 辊涂
 自喷罐喷涂

 闪干
 干燥时间
 红外线干燥
紫外线干燥

图 2-41 涂装/涂料图标及含义

CPS 色卡颜色代码第二个字母编号的含义　　　　表 2-5

| 编号 | 颜色组群 | 编号 | 颜色组群 | 编号 | 颜色组群 |
|---|---|---|---|---|---|
| A | 白色系 | M | 栗色系 | Y | 黄色系 |
| B | 蓝色系 | R | 红色系 | F | 亚光色系 |
| G | 绿色系 | V | 紫色系 | — | — |

| 选项 | 偏差色 |
|---|---|
| Standard | |
| 46 | 更深及黄色 |
| 47 | 更深及绿色 |
| 48 | 更深及红色 |
| 60 | 黄色 |
| 6A | 黄色及较脏 |
| 7A | 绿色及较脏 |
| 80 | 红色 |
| 8A | 红色及较脏 |
| A0 | 较脏 |
| A7 | 较脏及绿色 |
| A8 | 较脏及红色 |

图 2-42　偏差色

颜色差异色编号信息提示　　　　表 2-6

| 编号 | 含义 | 编号 | 含义 | 编号 | 含义 |
|---|---|---|---|---|---|
| 20 | 更粗颗粒 | 30 | 更细颗粒 | 40 | 更深 |
| 50 | 更蓝 | 60 | 更黄 | 70 | 更绿 |
| 80 | 更红 | 90 | 更浅 | A | 浑浊、较脏 |
| B | 鲜艳、纯净 | — | — | — | — |

(3) 色母系统编号规则。90-A 是纯色漆色母,如 90-A032,白色,A 后面的第一个数字表示颜色类别,0 是白色系、1 是黄色系、2 是橙色系、3 是红色系、4 是紫色系、5 是蓝色系、6 是绿色系、9 是黑色系。90-M 是银粉色母(90-M1 除外),如 90-M99/01,白银。93-M 是珍珠色,如 93-M010 是白珍珠。98-是新增或特殊效果

色,如 98-A097,加在银粉色中,能让正面发微黄,而侧面显现蓝相。

## 四、学习记录与评价

### 1. 理论知识记录

(1)汽车制造涂装采用的涂料为_____,汽车维修涂装采用的涂料为_____。汽车维修涂装不能采用制造涂装涂料的原因是_____。

(2)汽车原厂涂层一般包含_____、_____、_____三种。每种涂层的主要作用是_____。

(3)汽车面漆根据颜色效果可以分为_____、_____、_____三种。它们的主要区别是_____。

(4)单工序纯色漆和双工序纯色漆的主要区别是:_____。它们在性能和颜色效果的差别是_____。

(5)调色前进行面漆鉴别和评估的作用是_____。

### 2. 实操数据记录

请根据提供的三台不同颜色的车辆,完成表 2-7 中的相关内容。

查 找 配 方　　　　　　　　　　表 2-7

| 实训项目 | | 查 找 配 方 | | |
|---|---|---|---|---|
| 物料准备 | | 三台不同颜色的车辆、色卡、测色仪 | | |
| 车辆 | | 1号实训车 | 2号实训车 | 3号实训车 |
| 车辆信息 | 汽车品牌 | | | |
| | 车型 | | | |
| | 生产年份 | | | |
| 面漆鉴别与损伤评估 | 损伤部位 | | | |
| | 颜色效果 | | | |
| | 施工工序 | | | |
| | 维修方法(整喷/过渡) | | | |

续上表

| 实 训 项 目 | | 查 找 配 方 | |
|---|---|---|---|
| 物料准备 | | 三台不同颜色的车辆、色卡、测色仪 | |
| 查找颜色代码 | 利用汽车生产商提供的资料查到的颜色代码 | | |
| | 利用色卡查到的颜色代码 | | |
| | 利用测色仪查到的颜色代码 | | |
| 查找颜色配方 | 最接近的颜色配方 | | |

3. 评价

（1）自我评价。请根据自己对本节专业知识掌握情况，完成表2-8中的相关内容。

**自我评价表**　　　　　　　　　　　表2-8

| 评价内容 | 完全掌握 | 部分掌握 | 少部分掌握 |
|---|---|---|---|
| 理论知识 | | | |
| 面漆鉴别与损伤评估方法 | | | |
| 查找颜色代码方法 | | | |
| 查找颜色配方方法 | | | |

（2）小组评价。请组长根据组员表现，完成表2-9中的相关内容。

**小组评价表**　　　　　　　　　　　表2-9

| 序号 | 评价项目 | 评价情况（优秀/合格/不合格） | 备注（填写不合格原因） |
|---|---|---|---|
| 1 | 着装符合要求 | | |
| 2 | 能合理规范的使用仪器和设备 | | |
| 3 | 能按照安全和规范的流程操作 | | |

续上表

| 序号 | 评价项目 | 评价情况(优秀/合格/不合格) | 备注(填写不合格原因) |
|---|---|---|---|
| 4 | 遵守学习、实训场地的规章制度 | | |
| 5 | 能保持学习、实训场地整洁 | | |
| 6 | 团结协作情况 | | |

参与评价的同学签名：_____ 日期：_____

（3）教师评价与建议（针对学生学习记录完成情况、实训情况、学习态度等进行评价）：

_____

教师签名：_____ 日期：_____

### 五、技能考核标准

本考核项目需独立完成，主要检验学员对面漆鉴别与损伤评估、查找颜色代码、查找颜色配方等技能的掌握情况，表2-10为技能考核标准表。

查找配方技能考核标准表　　　　　　表2-10

| 班级 | | 姓名 | | 考核日期 | | |
|---|---|---|---|---|---|---|
| 考核说明 | 1.每人独立地完成车辆信息的收集与查询工作，并完成相关表格的填写；<br>2.每人独立地完成颜色代码及颜色配方的查找工作，并完成相关表格填写；<br>3.在40min内完成考核项目，评判每步的正确性及规范性。 | | | | | |
| 评分项 | 得分条件 | | | | 配分 | 得分 |
| 面漆鉴别损伤评估 | 能正确地写出车辆的相关信息（每错误一项扣1分） | | | | 9 | |
| | 能正确地指出损伤部位（每错误一项扣1分） | | | | 3 | |
| | 能正确地鉴别出面漆颜色效果（每错误一项扣2分） | | | | 6 | |
| | 能正确地鉴别出面漆采用的施工工序（每错误一项扣1分） | | | | 3 | |
| | 能正确地选择损伤部位的维修方法（整喷/过渡，每错误一项扣2分） | | | | 4 | |

续上表

| 评分项 | 得分条件 | 配分 | 得分 |
| --- | --- | --- | --- |
| 查找颜色代码 | 能正确地通过汽车生产商提供的资料获得颜色代码（每错误一项扣4分） | 12 | |
| | 能正确地使用色卡查找到颜色代码（每错误一项扣4分） | 12 | |
| | 能正确地使用测试仪获得颜色代码（每错误一项扣4分） | 12 | |
| 查找颜色配方 | 能正确地利用颜色配方系统获得涂料配方（根据查询熟练程度、配方准确性，每项扣1-5分） | 15 | |
| | 能正确地通过其他方式获得涂料配方（根据查询熟练程度、配方准确性，每项扣1-5分） | 10 | |
| 7S管理 | 能文明操作、安全操作（有不文明行为、不安全操作事项扣4分/次） | 8 | |
| | 能及时整理所用到的设备、资料（未及时整理还原所用物料扣2分/项） | 6 | |
| 总分 | | 100 | |

# 学习任务三　计 量 调 色

### 学习目标

☆**知识目标**

1. 了解涂料的组成及其作用(初级技能);
2. 了解汽车修补漆色母的种类(初级技能);
3. 了解各类面漆常识及色母特性(初、中级技能)。

☆**技能目标**

1. 能正确地使用和维护各种调色工具、设备(初级技能);
2. 能规范地进行计量调色时的防护(初级技能);
3. 能正确地进行色母准备及搅拌(初级技能);
4. 能准确地进行色母称量(初级技能);
5. 能熟练地进行色母混合(初级技能)。

### 建议课时

6~8 课时。

### 任务描述

请根据学习任务二查找到的颜色配方,选择合适的色母,计量调配出该颜色的涂料。

## 一、理论知识准备

### (一)涂料的组成及其作用

#### 1. 涂料的概念

涂料,俗称油漆,一般指涂布于物体的表面,能够形成具有保护、装饰或其他特殊性能的固态保护膜的一类液体或固体材料的总称。

《涂料工艺》一书是这样定义的:"涂料是一种材料,这种材料可以用不同的施工工艺涂覆在物件表面,形成黏附牢固、具有一定强度、连续的固态薄膜。干固后形成的膜通称涂膜,又称漆膜或涂层。"

2.涂料的组成

涂料一般是由多种不同物质混合而成的,涂料中的常见物质种类见表 3-1。

涂料的组成　　　　　　　表 3-1

| 序号 | 基本组成 | | | 常见类型及品种 |
|---|---|---|---|---|
| 1 | 主要成膜物质 | 油料 | 动物油 | 鲨鱼肝油、带鱼油、牛油等 |
| | | | 植物油 干性油 | 桐油、亚麻油、梓油、苏子油等 |
| | | | 植物油 半干性油 | 豆油、向日葵油、棉籽油等 |
| | | | 植物油 不干性油 | 蓖麻油、椰子油、花生油等 |
| | | 树脂 | 天然树脂 | 松香、虫胶、天然沥青等 |
| | | | 人造树脂 | 松香衍生物、纤维衍生物、橡胶等 |
| | | | 合成树脂 | 酚醛、聚氨酯、丙烯酸、有机硅、环氧、醇酸等 |
| 2 | 次要成膜物质 | 颜料 | 体制颜料 | 硫酸钡、碳酸钙、硫酸镁、石英粉、氧化镁等 |
| | | | 着色颜料 无机 | 钛白、炭黑、铅铬黄、铁红、铁蓝、铬绿等 |
| | | | 着色颜料 有机 | 苯胺黑、甲苯胺红、酞菁蓝、孔雀石绿等 |
| | | | 防锈颜料 | 锌粉、红丹、磷酸锌、氧化铁红、含铅氧化锌等 |
| 3 | 辅助成膜物质 | 溶剂 | | 水、松节油、烃类溶剂、醇类溶剂、酯类溶剂、酮类溶剂、醚类溶剂等 |
| | | 助剂 | | 固化剂、催干剂、防潮剂、紫外线吸收剂、增塑剂、减光剂、流平剂等 |

3.涂料中各成分的作用

在涂料中,树脂是主要成膜物质,颜料是次要成膜物质,溶剂和助剂是辅助成膜物质,它们在涂料中的作用见表 3-2。

涂料的组成及其作用　　　　　表 3-2

| 涂料基本组成成分 | 主 要 作 用 |
|---|---|
| <br>树脂 | 　　它是涂料的基础,它能使涂料牢固地附着于被涂工件表面形成连续的固态涂膜,是涂料组成中不可缺少的物质。涂料的基本性能由所选用的成膜物质自身的特性决定,如涂料的光泽、硬度、弹性、耐久性、附着力,它起到涂料保护和装饰作用中的主要作用。<br>　　目前汽车涂料使用的主要成膜物质为合成树脂,不同类型树脂之间性能差异较大,使用方法也不尽相同。不同类型的涂料,不能随意混用 |
| <br>颜料 | 　　它是涂料的次要成膜物质。颜料分为着色颜料、体制颜料和防锈颜料三类。着色颜料主要用于色漆,能赋予涂料一定的色彩,起美观装饰作用,同时也可以使涂料具有一定的遮盖力。体制颜料主要用于腻子、中涂底漆,它能增加涂料的黏度,改善涂料的流动性和填充性。防锈颜料主要用于底漆,它能增强涂料的防锈性能 |
| 溶剂 | 　　它是涂料的重要组成部分,起着辅助成膜的作用,它能溶解或稀释成膜物质,降低涂料黏度,改善或改变涂料的某些性能,满足涂料在制造、施工过程中的某些要求,如喷涂性、填充性等。同时具有挥发性,在涂装和成膜过程中会挥发掉,留下不挥发成分形成坚硬的涂膜 |
| <br>助剂 | 　　它又称添加剂,根据所起的作用不同,有很多种类,它们在涂料中一般用量很少,但所起的作用很大,能使涂料的某些性能起显著变化,在涂料制造、储存、施工中起着重要的作用。如分散剂、消泡剂、防沉淀剂、流平剂、亚光剂、增塑剂、固化剂、防紫外线剂等 |

## (二)汽车修补漆色母的分类

色母即调色时用来调配其他颜色的涂料。根据目前市面上的汽车面漆类型,汽车修补漆生产厂家也开发了不同类型的色母,以满足调色需要,常见的色母类型有以下几种。

### 1. 单组分色母

双工序和多工序涂料中的底色漆,属于单组分色母,也称为1K色母。这类色母只需要通过添加稀释剂调整施工黏度后即可进行喷涂施工,图3-1所示为某品牌55系列部分溶剂型单组分色母。单组分涂层施工后,待稀释剂完全挥发即可干燥,但干燥后的涂层涂膜较薄,无光泽,没有形成完整的保护性和装饰性,必须要喷涂清漆进行保护,才能达到面漆涂层质量要求。双工序或多工序涂料中的单组分底色漆色母通常包括:纯色色母、银粉效果色母、珍珠效果色母和多重效果色母等。

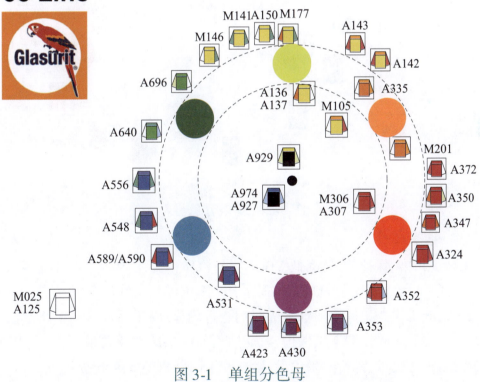

图3-1 单组分色母

### 2. 双组分色母

单工序涂料中使用的色母属于双组分色母,这类色母也称为2K色母。这类色母按配方调配后,在施工前按比例添加固化剂、稀释剂,再按规范的方法进行喷涂施工,无需喷涂清漆层,就可以达到面漆的保护性和装饰性要求,图 3-2 所示为某品牌 22 系列部分溶剂型双组分色母。汽车上使用的双组分色母只有纯色色母,使用双组分纯色色母调配的涂料因为颜色效果不够丰富、漆膜的抗划擦能力较弱、VOC 含量较高等原因,目前使用越来越少。

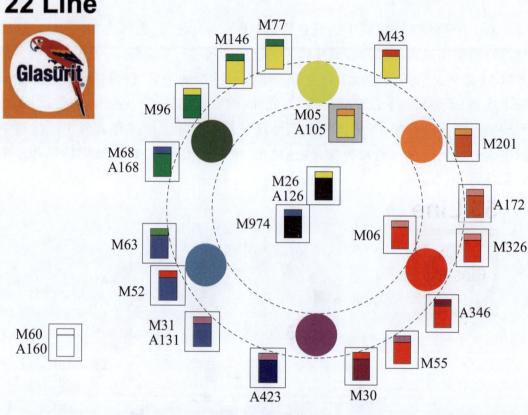

图 3-2　双组分色母

### 3. 水性漆色母

为减少污染、保护健康、降低 VOC 含量,汽车修补漆涂料厂家开发了水性漆色母,图 3-3 所示为某品牌 90 系列部分水性漆色母。水性漆色母主要溶剂和稀释剂是水,施工时按比例添加水性稀释剂进行稀释,施工后用吹风筒将涂层中的水分吹干,之后再喷涂清漆层保护,就能达到面漆层的性能要求。水性漆色母通常也包括:纯色色母、银粉效果色母、珍珠效果色母和多重效果色母等。

### 4. 高浓缩色母

为增强涂料遮盖效果,提高施工效率,降低生产成本,部分涂料厂家开发了色浓度较高的高浓缩色母,它通过较少的使用量、喷涂层数即可达到较好的颜色效果。如某品牌的 100 系列水性漆色母如图 3-4 所示,调配好后只要喷涂一层即可达到良好的遮盖效果。也有厂家将部分色母设计成高浓缩色母,在调色时与微调色母配合使用,也可达到较好的颜色质量。

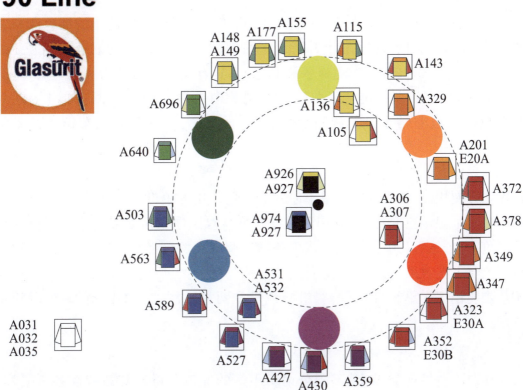

图 3-3　水性漆色母

图 3-4　高浓缩色母

**注意:**不同类型、不同品牌或同一品牌不同系列的色母由于采用的原材料、加工技术等不尽相同,为避免出现不相溶或其他质量缺陷,所以不同色母之间禁止混用。

### (三)纯色漆及其色母特性

#### 1. 纯色漆常识

只含有纯色颜料,呈现单一颜色的漆叫纯色漆。纯色漆使用的纯色颜料主要为着色颜料,着色颜料在涂料中除了起颜料的一般作用外,还起着色和遮盖的作用。这类颜料有白色、黑色或各种彩色,都具有一定的着色力和遮盖力,是颜料中品种最多的一类。纯色漆在正、侧面观察时基本没有颜色差别,施工方法对其颜色影响也非常小,所以纯色漆调色比较容易,它是学习汽车调色技术的基础。

纯色漆有单工序和双工序两种施工方法。单工序做法不需要喷涂清漆,这种做法方便快捷、省时省工。单工序做法调色使用的色母是双组分色母,这种色母调色时干湿颜色变化较小,调色难度较低。双工序做法是先喷涂单组分的纯色底色漆层,然后再喷涂清漆。双工序做法调色用的色母是单组分色母,这种色母调色时干湿效果、有无清漆等对颜色影响都比较大,所以其相对单工序纯色漆调色难度稍大。单组分色母、双组分色母是两种不同性质的涂料,调色时禁止混用。

#### 2. 纯色漆色母特性

纯色漆色母种类很多,不同公司所生产的纯色色母种类和特性各不一样。下面我们以某品牌 90 系列水性漆纯色色母为例(表 3-3),介绍纯色漆色母的种类及其特性。

**90 系列水性漆纯色漆色母及其特性** 表 3-3

| 色母代号 | 色母名称 | 颜色偏相 | 正面颜色 | 侧面颜色 | 特　　性 |
|---|---|---|---|---|---|
| 90-A032 | 微调白 | 白色 | 略脏 | 略浅 | 低浓度白 |
| 90-A035 | 雪白 | 白色 | 白色 | 白色 | 高浓度白 |
| 98-A097 | 幻彩白 | 黄相白 | 黄色 | 蓝且浅 | 仅用于效果颜色 |
| 90-A105 | 土黄 | 红相黄 | 黄且脏 | 黄且浅 | 加入效果色中使颜色正面变浑浊,侧面变浅 |

续上表

| 色母代号 | 色母名称 | 颜色偏相 | 正面颜色 | 侧面颜色 | 特　　性 |
|---|---|---|---|---|---|
| 90-A115 | 绿金 | 绿相黄 | 绿相金色 | 绿相黄 | 常用于效果色 |
| 90-A136 | 金棕 | 黄色 | 金黄 | 金黄且深 | 常用于银色及金黄色系 |
| 90-A143 | 橙黄 | 红相黄 | 红相黄 | 红相黄 | 最红相的黄 |
| 90-A148 | 柠檬黄 | 绿相黄 | 绿相黄色 | 绿相黄且浅 | 常用于素色，高遮盖力 |
| 90-A149 | 柠檬黄色 | 绿相黄 | 绿相黄色 | 绿相黄且浅 | 低浓度黄，色相同A148 |
| 90-A155 | 青绿黄 | 绿相黄 | 绿相金色 | 绿相黄 | 比A115更鲜艳 |
| 90-A177 | 浅黄 | 黄色 | 绿相黄 | 绿相黄且浅 | 常用于素色，比A148红相 |
| 90-A201 | 亮橙 | 橙色 | 橙色 | 橙色 | 常用于素色 |
| 90-A306 | 铁红 | 棕色 | 棕且脏 | 棕色 | 加入效果色时会使颜色正面变浑浊 |
| 90-A307 | 微调铁红 | 棕色 | 棕且脏 | 棕色 | 低浓度铁红，色相同A306 |
| 90-A323 | 亮红 | 红色 | 红色且脏 | 红色且浅 | 最鲜艳的红，常用于素色 |
| 90-A329 | 透明铁红 | 棕色 | 红相金棕色 | 红相棕色且深 | 常用于效果色，偏黄相 |
| 90-A347 | 栗红 | 红色 | 蓝相红色 | 蓝相红色 | 红色效果色中最常用色母 |
| 90-A350 | 深红 | 紫红色 | 明亮红色 | 红色 | 与A347比，正面蓝，侧面浅 |

续上表

| 色母代号 | 色母名称 | 颜色偏相 | 正面颜色 | 侧面颜色 | 特 性 |
|---|---|---|---|---|---|
| 90-A359 | 玫红 | 蓝相红色 | 蓝相红色 | 蓝相红色 | 最蓝相的红色 |
| 90-A372 | 大红 | 橙色 | 红相橙色 | 黄相橙色 | 着色力较低 |
| 90-A378 | 红色 | 红色 | 黄相红色 | 黄相红色 | 比 A347 黄相 |
| 90-3A0 | 红色 | 红色 | 红橙色 | 紫色 | 仅用于效果色,比 A347 透明度更高 |
| 90-A427 | 紫色 | 紫色 | 蓝相紫色 | 蓝相紫色 | 偏蓝相的紫 |
| 90-A430 | 紫红 | 紫红色 | 紫红色且脏 | 紫红色 | 偏红相的紫 |
| 90-A503 | 绿相酞蓝 | 绿相蓝色 | 绿相蓝色 | 绿相蓝色 | 最绿相的蓝 |
| 90-A527 | 宝石蓝 | 红相蓝色 | 红相蓝色 | 红相蓝色 | 最红相的蓝 |
| 90-A528 | 微调蓝色 | 红相蓝色 | 红相蓝色 | 红相蓝色 | 低浓度蓝色 |
| 90-A563 | 正蓝 | 绿相蓝色 | 蓝色 | 蓝色 | 与 A503 比,侧面红且更艳 |
| 90-A589 | 海蓝 | 红相蓝色 | 红相蓝色 | 红相蓝色 | 正蓝,偏红相 |
| 90-A640 | 蓝绿 | 蓝相绿色 | 蓝相绿色 | 蓝相绿色 | 偏蓝相的绿 |
| 90-A695 | 黄绿色 | 绿色 | 黄相绿色 | 黄相绿色 | 偏黄相的绿 |
| 90-A924 | 特黑 | 黑色 | 黄相深黑 | 黄相深黑 | 最深的黑 |
| 90-A926 | 黑色 | 黑色 | 黄相黑色 | 黄相黑色 | 常用黑,黑度 |
| 90-A927 | 微调黑 | 黑色 | 黄相黑色 | 黄相黑色 | 低浓度黑,色相同 A926 |
| 90-A997 | 蓝相黑 | 黑色 | 蓝相黑色 | 蓝相黑色 | 侧面最浅的黑 |

## (四)金属漆及其色母特性

### 1. 金属漆常识

涂膜中含有金属颜料或能产生像金属一样闪光效果的涂料统称为金属漆。金属漆中含有纯色颜料、金属颜料,有些金属漆中还加入了珍珠颜料等。由于金属颗粒在光线照射下能够呈现独特的闪光效果,正侧面视角下颜色效果也有较大变化,所以金属漆层次感、立体感较强烈,颜色效果较纯色漆丰富。同时,它的颜色调配难度也比纯色漆大。它与纯色漆相比,具有以下几个方面的特点。

(1)金属漆能产生更丰富的颜色效果,纯色漆只单纯地呈现一种颜色。

(2)金属漆可以只含金属效果颜料,也可以同时含有金属和纯色颜料。纯色漆只含普通纯色颜料。

(3)金属漆的遮盖力比较强,通常膜厚在 10~20μm 就能显示完全色调;而单工序纯色漆膜厚达到 40~50μm 才能显示完全的色调。

(4)金属漆通常为单组分底色漆,喷涂金属漆后必须再喷涂罩光清漆层以起保护作用;纯色漆可以为单组分,也可以是双组分。

### 2. 金属漆色母特性

金属漆中使用的纯色色母一般与单组分纯色漆调色色母共用,金属颜料色母主要是银粉色母。由于银粉颗粒大小和形状不同,形成涂膜闪光效果的差别也非常大,下面我们以某品牌 90 系列水性漆银粉色母为例进行介绍(表3-4)。熟悉银粉漆色母的特性,对调好金属漆颜色有很大的作用。

**90 系列水性漆银粉色母及其特性**　　　　表3-4

| 色母代号 | 色母名称 | 颜色偏相 | 正面颜色 | 侧面颜色 | 特　　性 |
|---|---|---|---|---|---|
| 90-M99/00 | 超细银 | 灰色 | 中细银 | 中细银 | 最细的银 |
| 90-M99/01 | 特细银 | 灰色 | 闪亮银 | 深灰 | 银圆型,颗粒比 M99/02 粗 |
| 90-M99/02 | 细银 | 灰色 | 金属银 | 深灰 | 颗粒比 M99/00 粗 |
| 90-M99/03 | 标准白银 | 灰色 | 中粗银 | 中粗银 | 颗粒比 M99/02 粗 |
| 90-M99/04 | 中细银 | 灰色 | 中粗银 | 中粗银 | 银圆型,颗粒比 M99/01 粗 |
| 90-M99/23 | 粗晶状银 | 灰色 | 闪亮银 | 闪亮银 | 银圆型,颗粒最粗的银粉 |
| 90-M99/24 | 细晶状银 | 灰色 | 闪亮银 | 闪亮银 | 银圆型,颗粒比 M99/04 粗 |
| 90-905 | 电镀银 | 灰色 | 细银 | 细银 | 特殊银,仿电镀效果 |

## (五)珍珠漆及其色母特性

### 1. 珍珠漆常识

根据天然珍珠的原理,在片状的云母片上加上不同厚度的钛白粉或氧化铁等无机氧化物,然后做成细薄片加入油漆中,当光线照在这些人造珍珠片上时,就可以产生类似珍珠的颜色效果,这就是所谓的珍珠漆。

珍珠色母通常是在云母颗粒表面镀上一层二氧化钛而成。当光线照射到钛膜云母颜料上时,一部分光线发生反射,另一部分光线则穿过二氧化钛和云母,又分别发生反射和折射,从而产生了类似珍珠的颜色效果(图3-5)。通过改变二氧化钛镀层的厚度,就得到了一系列不同颜色效果的珍珠色母,如白珍珠、黄珍珠、红珍珠、绿珍珠和蓝珍珠等。在二氧化钛和云母颜料的外表面镀上氧化铁即可得到红色着色珍珠,在表面镀银即可得到银珍珠。

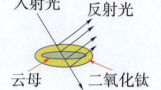

图 3-5　珍珠颜料结构及颜色产生原理

三工序珍珠漆在直射日光或类似光源下,显示的正侧面颜色差别表现非常明显,正面颜色干净、鲜艳,侧面暗淡。由于涂膜厚度的不同或干、湿喷涂装方式的不同,颜色变化很大。使用珍珠色母能使颜色的饱和度更高、更纯、更鲜艳。在阳光直射下,可以更好地观察珍珠的颗粒闪亮程度和颜色反射程度。

### 2. 珍珠漆色母特性

珍珠漆色母种类很多,不同公司生产的珍珠色母种类和特性也各不一样。下面我们以某品牌90系列水性漆珍珠色母和多重效果色母为例进行介绍(表3-5、表3-6)。

90 系列水性漆珍珠色母及其特性　　　　表 3-5

| 色母代号 | 色母名称 | 颜色偏相 | 正面颜色 | 侧面颜色 | 特　性 |
|---|---|---|---|---|---|
| 93-M010 | 白珍珠 | 白色 | 白色明亮 | 白色略带黄相略暗 | 中等颗粒白珍珠 |
| 93-M011 | 细白珍珠 | 白色 | 白色 | 白色略带黄相 | 细颗粒白珍珠 |
| 98-M919 | 钻石银白珍珠 | 白色 | 闪烁白色 | 闪烁白色 | 粗颗粒白珍珠 |

续上表

| 色母代号 | 色母名称 | 颜色偏相 | 正面颜色 | 侧面颜色 | 特　性 |
|---|---|---|---|---|---|
| 93-M176 | 青金珠光 | 黄色 | 黄色 | 蓝色 | 干涉型珍珠，中等颗粒 |
| 98-M319 | 宝石红珍珠 | 红色 | 闪烁红色 | 闪烁红色 | 粗颗粒红珍珠 |
| 93-M363 | 红珍珠 | 红色 | 红色 | 红色 | 中等颗粒红珍珠 |
| 93-M364 | 细红珍珠 | 红色 | 红色 | 红色 | 细颗粒红珍珠 |
| 93-M505 | 蓝珍珠 | 蓝色 | 蓝色 | 黄色 | 干涉型珍珠，中等颗粒 |
| 93-M506 | 细蓝珍珠 | 蓝色 | 蓝色 | 黄色 | 干涉型珍珠，细颗粒 |
| 98-M930 | 幻彩石墨 | 黄相黑色 | 黑色 | 黄相柔和黑，有丝绸质感 | 特殊黑色，柔和有丝绸质感偏灰 |

90系列水性漆多重效果色母及其特性　　　　表3-6

| 色母代号 | 色母名称 | 颜色偏相 | 正面颜色 | 侧面颜色 | 特　性 |
|---|---|---|---|---|---|
| 11-E014 | 幻彩珠光白 | 白色 | 白色略带黄相 | 较细珍珠 | 最细颗粒白珍珠 |
| 11-E025 | 超闪亮白色母 | 白色 | 闪烁白色 | 闪烁白色 | 最粗颗粒的白珍珠 |
| 11-E120 | 金闪珍珠 | 黄色 | 蓝色 | 较粗闪烁珍珠 | 干涉型珍珠，粗颗粒 |
| 11-E220 | 珍珠橙 | 橙色 | 绿色 | 中等细度珍珠 | 干涉型珍珠，中等颗粒 |
| 11-E280 | 褐色闪光珍珠 | 橙色 | 橙色且深 | 中等细度珍珠 | 中等颗粒橙珍珠，高彩度 |
| 11-E330 | 珍珠红 | 红色 | 绿色 | 中等细度珍珠 | 干涉型珍珠，中等颗粒 |

续上表

| 色母代号 | 色母名称 | 颜色偏相 | 正面颜色 | 侧面颜色 | 特　性 |
|---|---|---|---|---|---|
| 11-E440 | 珍珠紫 | 紫色 | 黄色 | 中等细度珍珠 | 干涉型珍珠,中等颗粒 |
| 11-E460 | 闪光紫珍珠 | 紫红色 | 黄绿 | 中等细度珍珠 | 与E440相比,正面红相,斜面绿相 |
| 11-E480 | 紫红珠光 | 蓝相红色 | 红色 | 中等细度珍珠 | 中等颗粒,紫红相珍珠 |
| 11-E520 | 宝石蓝 | 蓝色 | — | 较粗闪烁珍珠 | 干涉型珍珠,粗颗粒 |
| 11-E620 | 祖母绿 | 绿色 | 红色 | 较粗闪烁珍珠 | 干涉型珍珠,粗颗粒 |
| 11-E630 | 珍珠绿 | 绿色 | 黄相绿色且暗 | 中等细度珍珠 | 中等颗粒,绿珍珠 |
| 11-E650 | 黄绿珠光 | 绿色 | 略带红色 | 中等细度珍珠 | 干涉型珍珠,中等颗粒 |
| 11-E660 | 蓝绿珠光 | 蓝相绿色 | 绿色 | 中等细度珍珠 | 中等颗粒,比E630蓝相 |
| 11-E680 | 红绿珠 | 墨绿珍珠 | 红绿色 | 红色 | 中等颗粒 |
| 11-E820 | 栗色珍珠 | 红色 | 绿色 | 中等细度珍珠 | 干涉型珍珠,中等颗粒,比E220红相 |
| 11-E830 | 古铜珠光 | 铜黄色 | 铜黄色 | 中等细度珍珠 | 中等颗粒,棕色珍珠 |
| 11-E850 | 铜闪珠光 | 铜色 | 铜色 | 较粗闪烁珍珠 | 比E830颗粒粗 |

续上表

| 色母代号 | 色母名称 | 颜色偏相 | 正面颜色 | 侧面颜色 | 特　　性 |
|---|---|---|---|---|---|
| 11-E910 | 青金珠光 | 金黄色 | 金黄色 | 中等细度珍珠 | 中等颗粒,比E920鲜艳 |
| 11-E920 | 红金珠光 | 金黄色 | 金黄色 | 中等细度珍珠 | 中等颗粒 |
| LE015 | 极光幻彩 | — | — | — | 纯净度高,比E014略粗 |
| LE14U | — | 红黄相 | 红相 | 绿相 | 红相黄,用于效果色。正面带红相,侧面绿相 |
| LE165 | 幻彩银 | — | — | — | 由银白往绿相,在往紫红相合蓝相变化 |
| LE316 | 幻彩红 | — | — | — | 由红相往橙相,再往黄相和绿相变化 |
| LE35U | 棕褐色 | — | — | — | 与A347比较,正面较接近,彩度更高,侧面黄相 |
| LE385 | 幻彩紫红 | — | — | — | 由紫红相往红相,再往橙和黄相变化 |
| LE405 | — | — | — | — | 高彩度珍珠紫,干涉型,中等颗粒,比E440红相 |

续上表

| 色母代号 | 色母名称 | 颜色偏相 | 正面颜色 | 侧面颜色 | 特　　性 |
|---|---|---|---|---|---|
| LE435 | 闪光白 | — | — | — | — |
| LE505 | — | — | — | — | 高彩度珍珠蓝,干涉型,中等颗粒,比 M505 紫相 |
| LE535 | 幻彩蓝 | — | — | — | 由蓝相往紫相,再往艳红相变化 |
| LE545 | 幻彩蓝绿 | — | — | — | 由蓝绿相往紫相,再往红相和橙相变化 |
| LE555 | 金属蓝 | — | — | — | 蓝色铝粉 |
| LE615 | 热带幻彩 | — | — | — | 由绿相往银白色,再往红相和橙相变化 |
| LE645 | 幻彩绿 | — | — | — | 由绿相往蓝相,再往红相和橙相变化 |
| LE915 | 幻彩金 | — | — | — | 由金色往蓝,淡蓝相变化 |
| LE990 | — | — | — | — | 镭射效果 |

## 二、任务实施

### (一)作业前的准备

**1. 主要工具、设备、材料的准备**

(1)色母。一般规范的涂料公司都有一套齐全的色母,用它可以调出市面上大多数的汽车颜色(图3-6)。由于每家涂料公司选用的原材料不同、采用的加工和提纯技术也有差异,导致色母的性质和颜色也会有所不同,所以不同品牌的色母或同一品牌不同型号的色母不宜混用。汽车维修厂一旦选择了某一品牌的汽车修补涂料,不宜频繁更换。因为改换品牌,不但会浪费剩余的色母和涂料,而且还会损失多年积累的调色经验和资料。在调色前要确保色母种类齐全,数量够用。

图3-6　色母

(2)调漆机。调漆机又称油漆搅拌机(图3-7)。色母中的树脂、溶剂及颜料的比重不同,存放一段时间就会发生分离、沉淀,在使用前必须充分混合均匀,否则影响调色的质量,调漆机就是起搅拌作用的。罐装的色母利用配套的搅拌桨盖还可以方便地控制色母的添加使用(图3-8)。调漆机根据其上面的搅拌头数量可以分为很多规格,在选择时一般根据需要用到的色母数量来选择不同型号。调漆机在使用时应注意以下几点。

图3-7　调漆机　　　图3-8　搅拌桨盖

①调漆机安装时应放在平整、坚实的水平地面上,并用螺栓固定好,防止搅拌时的晃动导致涂料罐摔落。调漆机要进行接地处理,防止操作时产生静电发生危险。

②涂料上调漆机之前,一定要先将其搅拌均匀后再装上搅拌桨盖。如果直接利用调漆机进行搅拌,很有可能因为涂料沉淀严重而导致底部的涂料搅拌不彻底。为了避免色母在调漆机上出现严重沉淀,必须每天上午和下午各开动调漆机一次,每次至少搅拌15min以上,每次调色前再搅拌5~10min。

③搅拌桨盖在使用过程中应保持清洁无尘,及时清除桨盖出漆口处的涂料,否则桨盖的出漆口关闭不严,溶剂挥发,形成安全隐患。同时色母也会逐渐变稠,影响调色的准确性。桨盖出口附着干固的涂料也会影响色母倾倒和滴加的

可控制性,甚至还会掉落涂料里面,影响色母称量的精准性和涂料质量。

④放置调漆机的房间要有通风排气装置,要避免阳光直射,环境温度要适中。一般适宜温度为10~30℃之间,最好保持在20℃左右。

⑤色母上架后保质期一般不超过一年,时间太长质量下降,色母逐渐变稠,影响调色准确性。

(3)电子秤。调色用的电子秤是用来称量涂料,帮助计算配比用的专用天平。电子秤由托盘秤、电子显示器、集成电路板组成(图3-9)。调色常用电子秤量程为7500g,精确度为0.1g。电子秤使用时应注意以下几点。

①调色用电子秤灵敏度较高,使用时要注意放平放稳,避免振动和气流扰动,称量不能超过最大负荷量,未用时不能在上面放置任何物品,要定期对精度进行检查和校正。

②电子秤须随时保持干净整洁,若涂料不慎洒落在电子秤上,应立即用擦拭布清洁干净,不能等涂料干固后再来处理。

(4)调漆台。调漆台主要用于调漆时摆放常用的工具、设备及涂料,一般采用易清洁、耐溶剂、防火材质制作。调漆台上要有排气装置,能将调漆时挥发出来的溶剂气体及时排出。调漆台下部可设置一些抽屉和柜子,以便存放一些常用工具和材料,调漆台样式如图3-10所示。

图3-9　电子秤　　　　　图3-10　调漆台

(5)调漆罐。调漆时最好使用多功能免洗枪壶(图3-11),这种塑料罐平时可以作为调漆罐、喷涂罐或储存罐使用,不用时可以直接丢弃,既节约了时间、提高了工作效率,同时也大大减少了溶剂的用量,降低了企业处理废弃化学物质的成本,达到环保规范的目的。

## 2. 个人安全防护的准备

计量调色时会接触到涂料,操作前需要做好个人安全防护准备工作(图3-12)。

## 学习任务三 计量调色

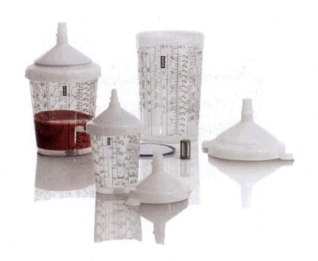

图3-11　多功能免洗枪壶　　图3-12　计量调色时的防护

### (二) 准备色母

#### 1. 检查色母

(1) 检查色母种类是否齐全。通常,一套完整的底色漆色母系统会包括纯色色母、银粉色母、珍珠色母、多重效果色母和其他辅助产品,每一类色母都有若干型号。调色时,若缺少部分色母或辅助产品都将导致工作难以完成。因此,在调色工作开始前,应先检查所有色母及辅料是否齐全,所缺货品应及时补充到位。

(2) 检查色母数量是否够用。色母每次的使用量不同,色母消耗速度有差异。检查色母时,至少要确保配方中显示的色母数量足够本次使用。如果发现短缺,应及时进行补充。对于新补充的色母,应注意以下几点。

①新色母开罐前,应使用振荡机将色母充分振荡均匀(图3-13)。若没有振荡机,也可以使用搅拌尺先将沉淀比较严重的涂料搅拌均匀后,再利用调漆机进行搅拌。禁止直接使用调漆机搅拌沉淀严重的涂料。

②使用和更换搅拌桨盖前,先要对桨盖进行检查,确保桨盖的开关控制功能、密封性能完好,确保搅拌桨盖干净无油污,桨盖出口无干固的涂料。

③将搅拌桨盖安装到新的色母罐上,对准后压紧锁止。为方便取用,要将外包装上的型号标签统一朝向外侧。同时,整套色母要按照编号有序摆放(图3-14),以方便取用。

图 3-13　涂料振荡机

图 3-14　色母摆放

### 2. 搅拌色母

（1）检查所有色母在调漆机上的摆放位置，确保调漆机开机后所有搅拌桨盖均可正常搅拌。

（2）接通电源，按下启动按钮，搅拌 10~15min，确保所有色母搅拌均匀。

**注意**：有些品牌水性漆色母采用防沉淀技术，颜料不会沉淀，使用前只需轻轻晃动几下即可。这类色母禁止使用调漆机搅拌或人工长时间摇晃，否则会适得其反，破坏涂料的特性，影响质量。

## （三）称量色母

称量色母就是按配方上显示的涂料型号，利用电子秤准确称量出其数量。称量色母的一般操作步骤如下。

（1）将电子秤平放在调漆台上，接通电源，打开电子秤开关，进行预热。

（2）按下清零键，清除电子秤上的数值，检查电子秤是否显示 0.0g。如是，可进行下一步操作；如不是，表示称量有问题，需要重新进行称量校正。若显示屏上的数字一直在跳动，则表示有气流、振动等干扰因素。

（3）将调漆罐平放到电子秤托盘中间位置，查看调漆杯质量，并再次按下清零键，使电子秤清零。

（4）根据配方中显示的色母型号和质量，通过电子秤进行称量，依次往调漆罐中加入色母或辅料（图 3-15）。色母称量时还需要注意以下几点。

①拿取色母或辅料时，查看清楚涂料型号，确保选取无误。添加色母前，检查搅拌桨盖出口是否干净无固化油漆渣。

②使用搅拌桨盖倒出色母时，应先倾斜涂料罐，然后逐渐拉动操纵杆，控制色母缓慢流出（图 3-16）。每次添加完毕，立即用擦拭布将搅拌桨盖口擦拭干净。

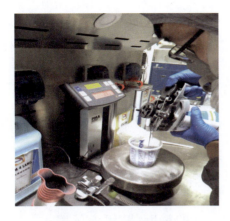
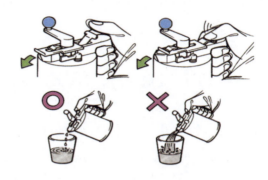

图 3-15　称量色母　　　图 3-16　搅拌桨盖使用方法

③添加时,建议先加入配方量多的色母。滴入到调漆杯的中央,避免色母黏附在杯壁边缘,影响颜色效果。如果添加的第一个产品是稀释剂或树脂,可以轻轻摇动杯体,使之布满杯壁,防止添加色母后出现杯壁挂色导致颜色不均匀。

④电子秤的精度是 0.1g,第二位的小数部分看不到,需要在心里估算。一般而言,滴加一小滴色母的质量在 0.02～0.05g 之间。电子秤不具备四舍五入功能,如 0.19g,电子秤只显示 0.1g,所以实际的质量一般比显示的质量大。因此,在理论上要准确调配一个配方,调配量不应该小于厂家建议的最小调配量。

⑤注意累加量和单独计量的区别。很多调漆人员习惯使用累加量的方法称量色母,即每次加完色母后电子秤不归零,直接在其数量上添加第二个色母的方式。正如前面所述,当每次的误差不断积累起来后,后面所加的色母会偏少。如上一个色母的数量是 6.19g,实际显示是 6.1g,这时只要滴加一小滴色母,电子秤会立即显示 6.2g。这种差量虽然看上去不大,但在加入高浓度色母或着色力大的色母时,对颜色就会有比较大的影响。所以调配少量涂料时建议采用单独计量的方式进行色母称量。

## (四) 混合色母

称量完成后的涂料必须彻底混合均匀,其一般步骤如下。

(1)将称量完成后的涂料从电子秤上取下来,放在调漆台上面。禁止在电子秤上进行除称量之外的任何操作。

(2)用搅拌尺或调漆尺从杯壁伸入涂料罐,先沿着杯壁旋转一圈,将附着在杯壁上的涂料刮下来,然后按顺时针或逆时针方向进行搅拌。重复此步骤,直至调漆罐里面的涂料完全均匀,包括杯壁上看不到其他颜色为止(图 3-17)。

(3)混合均匀的涂料,如果暂时不用,可以用调漆罐自带的盖子密封好后再存放,并做好标记;如果是直接喷涂的,则需要按比例添加好辅料并搅拌均匀后再使用。如果是需要进行颜色微调的,则可以根据下一任务中的方法,先制作颜色样板。

(4)色母混合完毕,整理操作现场,将使用过的涂料密封好后再还原,检查电子秤、调漆台、地面等,有滴洒涂料的应及时用沾有稀释剂的擦拭布清洁干净。

目前,有公司开发了全自动调色机,它可以通过预装在电脑中的调色软件来控制调色机完成色母的搅拌、称量、混合等操作(图3-18)。使用全自动调色机的优点是省时省事,不易出错,而且能够达到非常高的精度,其优点见表3-7。全自动调色机与全自动震荡机、全自动旋转机等涂料混匀设备一起构成了自动化调色系统。

图3-17 混合色母

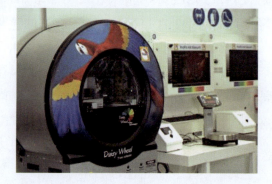

图3-18 全自动调色机

**全自动调色机的特点** 表3-7

| 特点 | 精确称量 | 加载量降低 | 自动称量流程 | 可持续性 |
|---|---|---|---|---|
| 具体表现 | 称量无差错 | 依颜色不同,最小增加量显著降低 | 无需在调漆机内搜索色母 | 调配精确,用量少,减少油漆浪费 |
| | 调整量明显降低 | 称量精度提高到百分之一克,显著降低剂量错误的风险,尤其适合少量增加 | 无需人工称量 | 相比传统调漆机可降低能耗 |

续上表

| 特点 | 精确称量 | 加载量降低 | 自动称量流程 | 可持续性 |
|---|---|---|---|---|
| 具体表现 | 增加量降低 | 全自动称量流程,为员工提供支持 | 保持调漆房整洁干净 | — |
| | 具备全天旋转功能,使调漆系统中的色母质量保持恒定 | 称量过程在封闭单元内进行,自动清洁阀 | 封闭系统,有益职业健康(无油漆喷溅) | — |

### 三、学习拓展

#### 1. 色盲色弱测试

调色的关键在于辨色,辨色的关键在于个人对颜色的敏感程度,对于有色盲或严重色弱的人来说,从事调色工作就比较困难。是否是色盲色弱可以通过表3-8、表3-9所示方法进行简单的自我测试。

**色觉测试表** 表3-8

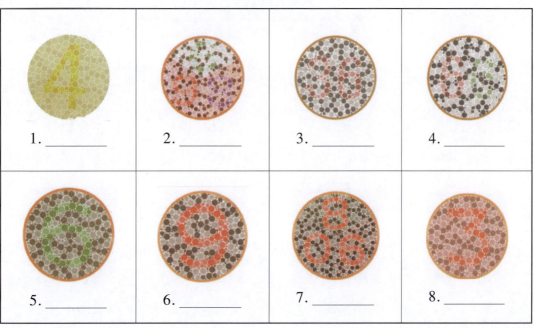

1._____  2._____  3._____  4._____

5._____  6._____  7._____  8._____

续上表

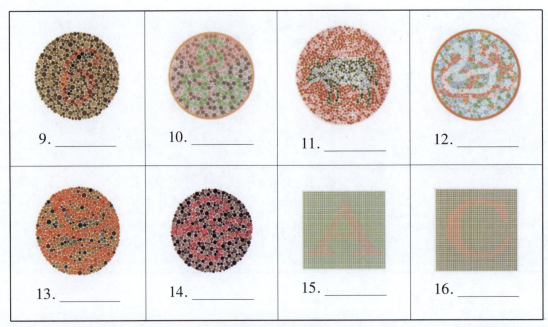

色觉答案及说明  表3-9

| 图号 | 色觉正常者辨认结果 | 色觉异常者 | | 附注 |
| --- | --- | --- | --- | --- |
| | | 辨认结果 | 异常类型 | |
| 1 | 4 | 不能读 | 黄色觉异常 | |
| 2 | 698 | 8 | 红绿色觉异常 | 区分红、绿、蓝色觉异常 |
| | | 6、8 | 红色觉异常 | |
| | | 9、8 | 绿色觉异常 | |
| | | 6、9 | 蓝色觉异常 | |
| 3 | 36 | 不能读 | 红色盲 | 检出红色盲 |
| 4 | 66 | 不能读 | 红绿色盲 | 检出红绿色盲 |
| 5 | 6 | 全不能读或部分不能读 | 绿色盲 | 绿色弱 |
| 6 | 9 | 不能读 | 红色盲 | |
| 7 | 806 | 不能读 | 红色盲 | 红色盲 |
| 8 | 3 | 不能读 | 红色弱 | 红色弱 |

续上表

| 图号 | 色觉正常者辨认结果 | 色觉异常者 | | 附注 |
|---|---|---|---|---|
| | | 辨认结果 | 异常类型 | |
| 9 | 6 | 5 | 红绿色盲或红绿色弱 | |
| | | 不能读 | 全色弱 | |
| 10 | 689 | 不能读 | 绿色盲 | 绿色盲 |
| 11 | 牛 | 鹿 | 色觉异常 | |
| 12 | 兔、鸭 | 鸭 | 红、绿色觉异常 | 检出红色盲,部分色弱 |
| 13 | 不能读 | 5 | 红绿色盲及红绿色弱 | 全色弱及正常者看不出任何数字 |
| 14 | 红、紫两条线条 | 紫色线条 | 红色盲 | 红绿色弱、正常者两线都能看出 |
| | | 红色线条 | 绿色盲 | |
| 15 | A | 不能读 | 绿色盲 | A类绿色盲 |
| 16 | C | 不能读 | 红色盲 | B类红色盲 |

## 2. 汽车修补漆品牌

汽车维修涂装行业所使用的汽车修补漆中,进口品牌占比较高,部分进口品牌进入我国市场的时间较早,在国内建立了较完善的服务体系,并有较多熟悉相关产品的调色技术人员。随着我国的经济发展和技术积累,国产修补漆产品的性能和质量也在逐渐提升,服务体系也不断完善。表3-10所示为部分汽车修补漆品牌。

**国内外汽车修补漆品牌**　　表3-10

| 品牌 | 企　　业 | 主要油漆品牌 |
|---|---|---|
| 国产品牌 | 广东雅图高新 | 施莱威、伊施威、百乐高、金冠鼎、金易达、千色、威施乐 |
| | 广东实创科技 | 思卡夫、优尼克、丸田、金丸田、吉尼思、必德、圣菲尔、技美、贝阳、乐开、惊艳、特耐特美 |
| | 上海东来涂料 | 高飞、菲可施、天彩 |
| | 广州联合涂料 | 通用、施德丽、AK、ZK、BBC、ST |

续上表

| 品牌 | 企 业 | 主要油漆品牌 |
|---|---|---|
| 进口品牌 | 德国巴斯夫 | 鹦鹉、RM、百事利、诺缤 |
| | 美国庞贝捷(PPG) | 达壮、高霸、威宝、NEXA |
| | 美国艾仕得 | 科丽晶、施得乐、先达利、施必快、杜丽、丽彩得 |
| | 荷兰阿克苏-诺贝尔 | 新劲、莱顺、妙龙 |

### 四、学习记录与评价

**1. 理论知识记录**

(1) 涂料主要是由_____、_____、_____、_____四类物质组成。它们的主要作用是_____。

(2) 颜料根据其作用可以分_____、_____、_____三类,它们的主要用途是_____
_____。

(3) 汽车修补漆色母可分为_____、_____、_____、_____四类。

(4) 高浓度色母的优势是(　　)。

　　A. 增强涂料遮盖效果　　　　　B. 提高施工效率

　　C. 降低生产成本　　　　　　　D. 调色简单

(5) 在计量调色过程中,某个色母的添加量不小心多加了0.5 g,是否会对涂料颜色产生影响? 应该如何正确处理?_____
_____
_____。

**2. 实操数据记录**

请根据前一章节实训车辆情况和查找到的配方进行计量调色,调配出喷涂一张颜色试板的用量,并完成表3-11中的相关内容。

## 学习任务三 计量调色

计量调色 表 3-11

| 实训项目 | | 计量调色 | | |
|---|---|---|---|---|
| 物料准备 | | | | |
| 相关信息收集 | 汽车品牌 | | 车型 | |
| | 车身颜色 | | 色号 | |
| | 涂料品牌 | | 色母系列 | |
| | 待喷板件 | | 调配量 | |
| 喷涂样板用量 | 色母 | 配方用量(L) | 实际添加量(L) | 备注 |
| | | | | |
| | | | | |
| | | | | |
| | | | | |
| | | | | |

**3. 评价**

(1) 自我评价。请根据自己对本节专业知识掌握情况,完成表 3-12 中的相关内容。

自我评价表 表 3-12

| 评价内容 | 完全掌握 | 部分掌握 | 少部分掌握 |
|---|---|---|---|
| 理论知识 | | | |
| 准备色母方法 | | | |
| 称量色母方法 | | | |
| 混合色母方法 | | | |

(2) 小组评价。请组长根据组员表现,完成表 3-13 中的相关内容。

小组评价表 表 3-13

| 序号 | 评价项目 | 评价情况(优秀/合格/不合格) | 备注(填写不合格原因) |
|---|---|---|---|
| 1 | 着装符合要求 | | |

续上表

| 序号 | 评价项目 | 评价情况(优秀/合格/不合格) | 备注(填写不合格原因) |
|---|---|---|---|
| 2 | 能合理规范地使用仪器和设备 | | |
| 3 | 能按照安全和规范的流程操作 | | |
| 4 | 遵守学习、实训场地的规章制度 | | |
| 5 | 能保持学习、实训场地整洁 | | |
| 6 | 团结协作情况 | | |

参与评价的同学签名：_____  日期：_____

(3) 教师评价与建议 (针对学生学习记录完成情况、实训情况、学习态度等进行评价)：

_____

_____

教师签名：_____  日期：_____

### 五、技能考核标准

本考核项目需独立完成，主要检验学员对色母准备、色母称量、色母混合技能的掌握情况，表3-14为技能考核标准表。

计量调色技能考核标准表  表3-14

| 班级 | | 姓名 | | 考核日期 | | |
|---|---|---|---|---|---|---|
| 考核说明 | 1. 每人独立地完成相关信息的收集与查询工作，并完成相关表格的填写；<br>2. 每人独立地完成色母准备、称量和混合等相关工作，并完成相关表格的填写；<br>3. 在40min内完成考核项目，评判每步的正确性及规范性 | | | | | |
| 评分项 | 得分条件 | | | | 配分 | 得分 |
| 信息收集 | 正确收集并填写相关信息(每错误一项扣1分) | | | | 8 | |
| | 正确预估调配量(根据喷涂工件面积确定，根据预估量偏差扣1~2分) | | | | 2 | |
| | 正确查询并填写颜色配方(配方不正确扣3分，填写不正确扣1分) | | | | 4 | |

续上表

| 评分项 | 得分条件 | 配分 | 得分 |
|---|---|---|---|
| 准备色母 | 正确检查色母(色母种类、数量及摆放位置未检查扣1分/项) | 5 | |
| | 正确使用调漆机搅拌色母(未正确操作扣1分) | 1 | |
| 称量色母 | 正确使用电子秤(电源连接、开关机、及时清零,每错误一次扣2分) | 10 | |
| | 正确选择色母(按配方所示编号选择,每错误一次扣3分) | 9 | |
| | 正确使用搅拌桨盖(每次使用前后未检查、清洁扣2分) | 8 | |
| | 准确称量色母(根据实际添加量,每多或少加0.1g扣3分) | 18 | |
| 混合色母 | 正确选择配套产品(如树脂、稀释剂,每错误一项扣5分) | 5 | |
| | 涂料搅拌均匀(杯壁无挂色,涂料混合均匀,根据均匀度扣1~5分) | 5 | |
| 现场7S | 物料整理(涂料密封存放、色母清洁归位、电子秤关机、搅拌尺擦拭干净,未做好扣1分/项) | 6 | |
| | 工位清洁(工作台及地面清洁干净,无滴漆,未做好扣2分/处) | 4 | |
| | 废弃物处置(分类处理废弃涂料、擦拭布,未做好扣2分/项) | 5 | |
| 涂装安全防护 | 正确地进行安全防护(防护服、护目镜、手套、活性炭面罩、安全鞋等,漏戴或错戴扣1分/次) | 10 | |
| 总分 | | 100 | |

# 学习任务四　喷涂样板

## 学习目标

☆**知识目标**
1. 了解常用的汽车修补漆产品及特点(初级技能);
2. 了解中涂底漆灰度对面漆颜色的影响(初级技能);
3. 掌握喷涂过程中影响颜色的因素(初、中级技能);
4. 了解银粉色母及其特性(中级技能)。

☆**技能目标**
1. 能正确地使用和维护各种喷涂工具及设备(初级技能);
2. 能规范地进行单工序颜色样板的制作(初级技能);
3. 能规范地进行双工序颜色样板的制作(初、中级技能);
4. 能规范地进行三工序颜色样板的制作(中、高级技能)。

## 建议课时

6~12课时。

## 任务描述

根据配方计量调配出来的涂料,无法看出真实的颜色,也无法进行颜色比对,请根据规范施工方法,制作出涂料的颜色样板。

## 一、理论知识准备

### (一)常用汽车修补漆产品及特点

汽车调色工作中会使用到各种涂料产品,作为调漆人员有必要了解汽车维修涂装中常用的涂料产品及其特点。

#### 1. 原子灰

原子灰的主要作用是填充底材上的凹坑、缝隙、孔眼、焊缝、刮痕以及加工过程中所造成的物面缺陷等问题,达到恢复或塑造工件表面形状的目的。汽车维修业中常用的原子灰特点和用途见表 4-1。

**常用原子灰的特点及适用范围**　　　　表 4-1

| 品种 | 主要特点 | 适用范围 |
|---|---|---|
| 普通原子灰 | 聚酯树脂型，膏体细腻、附着力强、可常温固化、干燥速度快、有一定硬度、收缩性小、不易开裂等，易施工、易打磨，填充能力强 | 适用于旧漆层、裸钢板等大多数底材表面。不适用于镀锌板、不锈钢板、铝板，以及经磷化处理的裸金属表面或磷化底漆表面等 |
| 钣金原子灰 | 除具有普通原子灰的一切性能外，比普通原子灰拥有更好的附着力、防腐性及机械性能等 | 可用于普通原子灰所用的一切场合，还可以直接用于镀锌板、不锈钢板和铝板等裸金属而不必先施涂隔绝底漆，但不适用于经磷化处理的裸金属表面或磷化底漆表面 |
| 纤维原子灰 | 填充材料中含有纤维物质，干燥后质轻，附着能力和硬度很高，可以厚涂，但表面呈现多孔状，打磨后需要用普通原子灰进行填平 | 可直接填充直径小于 50 mm 的孔洞或锈蚀而无须钣金修复，对孔洞的隔绝防腐能力很强。用于有比较深的金属凹陷部位的填补效果非常好 |
| 塑料原子灰 | 调和后呈膏状，可以刮涂也可以揩涂，干燥后像软塑料一样，与底材附着良好。干后质地柔软，打磨性良好 | 塑料原子灰适用于一般塑料制品的填补工作 |
| 幼滑原子灰 | 也叫填眼灰，以单组分产品较为常见。其膏体细腻，填补能力较差，不耐溶剂，不能大面积刮涂使用。干燥时间较短，干后较软易于打磨，适合填补小针孔或划痕 | 一般在打磨完原子灰或中涂底漆后，喷涂面漆之前使用，主要用途是填补微小的小眼、小砂纸痕等，防止后续涂料不能填充造成缺陷及返工 |

## 2. 底漆

底漆的主要作用是防止底材表面被氧化腐蚀,增强底材表面的附着力。汽车维修业中常用的底漆特点及用途见表 4-2。

常用底漆的特点及适用范围　　　　　　表 4-2

| 品种 | 主 要 特 点 | 适 用 范 围 |
| --- | --- | --- |
| 环氧底漆 | 以环氧树脂为主要成膜物质制成的底漆,是物理隔绝防腐的代表,具有附着力强,涂膜机械性能高,耐化学药品性优良以及耐久性、耐热性良好等特点 | 适用于各种金属、玻璃钢等表面 |
| 侵蚀底漆 | 以化学防腐手段达到防腐目的,主要代表产品是磷化底漆。磷化底漆涂布后能在金属表面产生一层不导电、多孔的磷化膜,能提高底漆对金属表面的附着力、耐蚀能力以及热老化性能等。一般不单独使用,必须与其他底漆配套使用 | 适用于钢板、镀锌钢板、铝板表面 |
| 塑料底漆 | 主要增强塑料表面的附着力。塑料底漆品种很多,分别适用于不同性质的塑料表面 | 适用于塑料表面 |

## 3. 中涂底漆

中涂底漆的主要作用是提高涂层的平整度和丰满度,隔绝和封闭底层,防止面漆渗透,填充细小划痕、缺陷等。目前汽车维修行业主要使用的中涂底漆品种及其特点见表 4-3。

常用中涂底漆及其特点　　　　　　表 4-3

| 品种 | 主 要 特 点 |
| --- | --- |
| 填充中涂底漆 | 容易喷涂,有很好的填充性,干磨、湿磨性能优异。常见有黑色、白色、灰色,也可按不同比例混合调出各种灰度值的中涂底漆 |

续上表

| 品种 | 主要特点 |
|---|---|
| 免磨中涂底漆 | 也称湿碰湿中涂底漆,喷涂后无需打磨,无需强制干燥,闪干至亚光状态即可喷涂各种面漆,常见有黑色、白色、灰色,也可按不同比例混合调出其他灰度值的中涂底漆 |
| 多功能填充中涂底漆 | 具有很好的耐腐蚀性、耐候性,可直接用于钢板、镀锌板、铝板、旧漆膜、玻璃钢等底材表面,可作填充中涂底漆或湿碰湿中涂漆用 |
| 可调色中涂底漆 | 透明中涂漆,加入双组分面漆色母,即可调配出各种颜色,可作打磨版或湿碰湿中涂底漆用,可节省面漆用量 |
| 封闭底漆 | 有很好的封闭作用,有很强的附着力。能直接喷涂于重涂处、图案处或原子灰整平处而无需打磨 |
| 紫外线固化中涂底漆 | 使用紫外光照射后能快速(几十秒)固化干燥的中涂底漆,适用于多数底材,固含量高、VOC含量低,能大幅提高效率 |

**4. 清漆**

清漆的主要作用是提供光泽,提供涂层表面的保护性和装饰性。汽车维修业常用的清漆品种及其特点见表4-4。

**常用清漆及其特点**　　　　　表4-4

| 品种 | 主要特点 |
|---|---|
| 中浓度清漆 | 双组分丙烯酸聚氨酯树脂涂料,中固体分含量,VOC含量偏高,优异的耐气候性和抗黄变性能,硬度高,干燥快,一般建议喷涂2~3层 |
| 高浓度清漆 | 双组分丙烯酸聚氨酯树脂涂料,相当高的固体分含量,环保性产品。突出的耐候性和抗黄变性能,卓越的硬度和干燥速度性能,一般建议喷涂2层 |
| 亚光清漆 | 双组分丙烯酸聚氨酯树脂涂料,有半哑、全哑不同效果,漆膜具有塑性,适用于车身、保险杠等塑料件亚光效果涂装 |

续上表

| 品种 | 主要特点 |
| --- | --- |
| 快干清漆 | 双组分丙烯酸聚氨酯树脂涂料,具有干燥快、光泽度高、喷涂效果好、流平性好、抛光性好等特点。适用于快速修补,特别是单个板件的修补或点修补 |
| 抗划伤清漆 | 双组分产品,具有超强的抗划伤性能,突出的耐候性和耐黄变性,以及卓越的外观效果,适合修补抗划伤清漆漆面 |
| 驳口清漆 | 适用于汽车车身漆面局部修补快修,可以让过渡区域的色漆层变得平滑均匀,保证修补区域周围颜色均匀 |

**5. 其他辅料**

汽车维修涂装工作中其他常用的辅料见表4-5。

常用辅料及其特点  表4-5

| 种类 | 特点 |
| --- | --- |
| 固化剂 | 固化剂品种繁多,不同涂料产品配不同性质、型号的固化剂,切不可随意混用。每种固化剂根据环境温度和喷涂物件的大小,可选择慢干、标准或快干等型号 |
| 稀释剂 | 不同涂料产品配不同性质、型号的稀释剂,不可随意混用。根据环境温度和喷涂物件的大小,可选择慢干、标准或快干等型号 |
| 驳口水 | 主要用于双组分面漆或清漆过渡区域的驳口处理,能使过渡区域无明显涂层差异 |
| 驳口树脂 | 主要于底色漆层喷涂前使用,可使过渡区域的色漆层平滑均匀,确保修补区域周围颜色均匀无黑边 |
| 清洁剂 | 主要有能清除水性残留物和油性残留物两种类型的产品,可除去汗渍、盐、硅、油脂、蜡及塑料件表面的脱模剂等残留物,涂料施工前都必须要进行彻底的清洁 |
| 塑料添加剂 | 双组分中涂底漆或面漆、清漆中加入塑料添加剂能增强涂膜的柔韧性,防止涂膜受外力挤压开裂,主要用于塑料底材表面 |

## （二）中涂底漆灰度对面漆颜色的影响

同一种面漆，采用相同的方法喷涂于不同颜色的中涂底漆之上，得到的颜色会有差异（图4-1），这表明中涂底漆的颜色对面漆的颜色是有影响的。

另外，每种颜色都有一定的灰度值，当一个面漆颜色的灰度值和中涂底漆颜色的灰度值最接近时，面漆最容易遮盖住中涂底漆，这时面漆用量最为节省，施工时间也缩短，既节约了成本，又提高了工作效率。

所以目前各大涂料厂商都在面漆颜色配方系统中提供该颜色的灰度值信息（图4-2），或者将常见面漆颜色对应的灰度做成挂图（图4-3），方便施工人员根据面漆灰度值选择使用合适灰度的中涂底漆。如果所有调色、涂装操作人员都能按照涂料厂家建议的灰度值施工中涂底漆和面漆，也能大大减少颜色的差异。

图4-1　蓝色在不同底色上的效果

图4-2　配方中的灰度值（画圈部分）

不同灰度值的中涂底漆，可以通过常用的黑、白、灰三种颜色的中涂底漆按不同比例进行混合调配得到。图4-4所示为某品牌00～07号灰度值的调配比例。

图4-3　面漆颜色灰度图

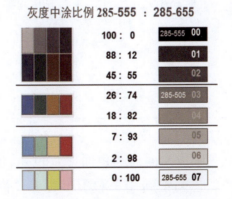

图4-4　灰度中涂比例图

## （三）喷涂过程中影响颜色的因素

汽车维修涂装时，由于多种因素的不确定性，往往会导致涂膜颜色出现色差。一般来说，纯色漆颜色受喷涂方法、条件等因素的影响较小，主要是涂膜厚度、纹理或光泽度的不同导致视觉上出现差异。而金属漆和珍珠漆则不同，个人喷涂习惯、施工条件、喷涂方法等多种因素都可能导致颜色效果出现差异（表4-6）。

喷涂过程中影响金属漆颜色的因素　　　　表4-6

| 影响因素 | | 变浅变亮 | 变深变暗 |
|---|---|---|---|
| 喷枪调整 | 喷嘴口径大小 | 较小口径 | 较大口径 |
| | 喷涂气压大小 | 较大气压 | 较小气压 |
| | 出气量多少 | 较大出气量 | 较小出气量 |
| | 出漆量多少 | 较小出漆量 | 较大出漆量 |
| | 喷幅扇面大小 | 较宽喷幅 | 较窄喷幅 |
| 喷涂方法 | 喷涂距离远近 | 较远距离 | 较近距离 |
| | 走枪速度快慢 | 较快速度 | 较慢速度 |
| | 一次涂膜厚薄 | 较薄涂层 | 较厚涂层 |
| | 闪干效果 | 闪干充分 | 闪干不充分 |
| 涂料调整 | 稀释剂类型 | 快干稀料 | 慢干稀料 |
| | 涂料黏稠度 | 黏度小 | 黏度大 |
| 施工环境 | 环境温度 | 温度高 | 温度低 |
| | 空气湿度 | 湿度低 | 湿度高 |
| | 空气流速 | 风速快 | 风速慢 |

需要注意的是，喷涂过程中影响颜色的因素是一把双刃剑，有时我们可能把相同的颜色喷成不同的颜色而导致色差，但是通过适当的喷涂方法又能将有一定差异的颜色调整到几乎看不出色差。由于喷涂是影响颜色最重要的一道工序，所以正确的施工环境、喷涂方法等是减少颜色差异的关键。

## (四) 银粉色母及其特点

### 1. 银粉的分类

金属漆中使用的金属颜料主要是银粉,银粉实际上是铝粉。根据加工程度的不同,铝粉有多种分类方式。常用的分类方法是:把所有的银粉色母分为无光银、亮银和闪银三类,每类色母又都分成颗粒粗细不同的两个或多个色母。无光银、亮银使用的是不规则形银粉,闪银使用的是椭圆形银粉。作为金属漆中最主要使用的色母,我们必须要了解银粉颗粒的外形、亮度及大小对颜色的影响。

按银粉颗粒的外形进行分类,主要有两类:不规则形和椭圆形(图 4-5)。不规则形银粉的每个颗粒都没有固定形状,每一粒银粉上有各种各样的棱角,而椭圆形的银粉是椭圆的球形。这两种银粉在使用上截然不同:对于不规则形状的银粉,因为有漫反射的作用,正面的亮度相对稍低,而侧视的亮度反而较高;对于椭圆形的银粉,由于表面反射光的角度一致,所以正面亮度较高,但侧视确很暗。实际应用时如果需要把正面调得更"白"、更亮或需要把侧视调暗,那么更换银粉的种类是最有效和最常用的手段,并且很多时候也是唯一的手段。

a)不规则银粉

b)椭圆形银粉

图 4-5 银粉的形状

按银粉颗粒的亮度可以分成三类:无(平)光银、亮银和闪银。这种分类在外观上也比较好辨认,在正面亮度上它们按顺序增大,在侧视亮度上则是按顺序变黑。实际使用中一般多以使用亮银和闪银为主,因为它们纯度高,调出来的颜色纯净,可以用来提高颜色的亮度和纯度。除非必要,不要使用过多的平光银,否则调出来的颜色正面会变得灰暗,稍远处看会感到整体发黑。

按银粉颗粒的大小又可以分成粗银、中银、细银、超细银等几种。有各种大小的原因是为了增强调色能力的需要,通常来说,同一类型的银粉,颗粒越粗,正视越亮,侧视越暗;颗粒越细,正视越暗,侧视越亮。

调色时,选择正确的银粉是关键的一步。在实际调漆工作中,单使用某一种银粉往往达不到需要的效果,所以常使用几种银粉混合。两种银粉混合后,表现出来的属性就是原来各个银粉属性的折中。例如,亮度不同的银粉混合,所得亮度就介于它们之间,侧视亮度亦同。

### 2. 银粉的特点

(1)具有双色效应。银粉漆中铝粉的光泽度和颜色深浅随着正侧面观察角度的变化而发生颜色变化。当铝粉平行于底材定向排列时,正面观察涂层最明亮,侧面观察颜色变暗(图4-6)。

(2)遮盖力强。铝粉呈鳞片状,铝粉分散到涂层后具有与底材平行的特点,众多铝粉互相连接,大小铝片相互填补形成连续的金属膜,既遮盖了底材,又反射了涂膜外的光线,形成了很强的遮盖力。

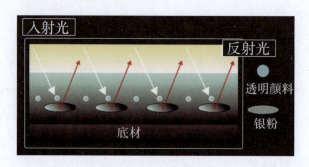

图4-6　银粉漆效果

(3)光学特性好。银粉漆中的铝粉由颜色浅白、高金属光泽的铝压制而成,其表面光洁,能反射可见光、紫外光和红外光。用银粉漆涂装车身,表面银白光亮,具有很强的金属质感,光学特性好。

(4)屏蔽特性好。分布在涂膜中的铝片,形成连续的多层平行排列的铝片层,使外界的水分、气体无法透过涂层达到底材,形成了银粉漆良好的物理屏蔽性。

## 二、任务实施

### (一)作业前的准备

#### 1.主要工具、设备、材料的准备

样板喷涂作业中需要用到的主要工具、设备及材料包括:喷枪、吹风筒、喷漆柜(或喷漆房)、烤箱、颜色试板等。

(1)喷枪。喷枪是用来将涂料均匀喷涂到工件表面的工具。喷枪种类很多(图4-7),喷涂不同类型的涂料时,要选择相应类型的喷枪及合适的口径型号。常见涂料类型及喷枪口径选择可以参考表4-7。

常见涂料类型及喷枪口径选择　　　　表4-7

| 喷枪 | 涂料 | | | | | |
| --- | --- | --- | --- | --- | --- | --- |
| | 底色漆 | 清漆 | 双组分面漆 | 免磨中涂底漆 | 填充中涂底漆 | 底漆 |
| 底色漆喷枪 | 1.3 | | | | | |

续上表

| 喷枪 | 涂料 | | | | | |
|---|---|---|---|---|---|---|
| | 底色漆 | 清漆 | 双组分面漆 | 免磨中涂底漆 | 填充中涂底漆 | 底漆 |
| 面漆喷枪 | 1.2~1.4 | 1.2~1.3 | 1.2~1.3 | | | |
| 底漆喷枪 | | | | | 1.6~1.9 | 1.4~1.9 |

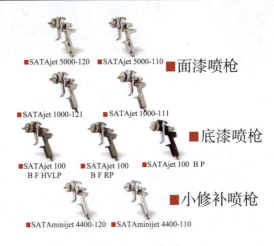

图 4-7　喷枪

（2）吹风筒。吹风筒主要用于水性底色漆涂层的加速干燥，它利用文丘里原理，可以用最少的耗气量，达到覆盖面大、风量大且均匀的效果。吹风筒的结构及特点如图 4-8 所示。

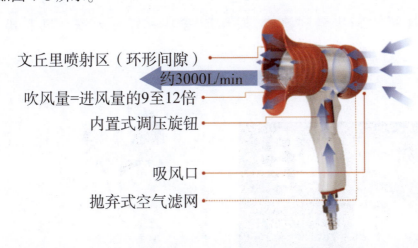

图 4-8　吹风筒

（3）喷漆柜/喷漆房。喷漆柜或喷漆房都可以为喷涂颜色样板提供一个干净清洁的施工环境，能吸收过滤喷涂产生的漆雾，保护施工人员的健康。单人喷涂时可以使用喷漆柜(图4-9),简单方便,经济环保。多人同时喷涂时可以使用喷漆房(图4-10)。

图4-9　喷漆柜

图4-10　喷漆房

(4)颜色试板。颜色试板是调色时用来喷涂颜色小样以方便比色用的(图4-11)。根据其材质不同,可分为铝板、镀锌板、不锈钢板、纸板等;根据其大小不同,可分为100mm×150mm、70mm×150mm、60mm×100mm等多种规格;根据试板表面的颜色,常见的有白色、灰色涂层的,以及没有任何涂层的。选用试板时,最需要注意的是试板喷涂面的颜色,不要把面漆直接喷涂在裸金属或普通纸板表面,否则会导致涂料颜色发生变化,从而影响对颜色的准确判断。如果所用试板没有颜色或灰度值不对时,建议提前喷好不同灰度值的免磨中涂底漆以供选用。

### 2. 个人安全防护的准备

喷涂样板时会接触到涂料,操作前需要做好个人安全防护准备工作(图4-12)。

图4-11　颜色试板

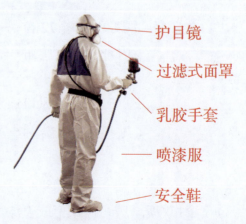

图4-12　喷涂样板时的防护

## (二)单工序颜色样板的喷涂

目前使用的单工序汽车面漆主要为溶剂型纯色双组分涂料,其本身含有较高的光泽,施涂方法对其颜色的影响相对较小,可以采用多种方法进行比色。

### 1. 直接比较法

直接比较法就是用搅拌尺将混合均匀的涂料挑起后与目标颜色直接比对的方法(图4-13)。直接比较法进行颜色比对最为简单,但涂层颜色存在干、湿效果之间的差别。

图 4-13　直接比较法

### 2. 刮涂法

刮涂法就是将搅拌均匀的涂料刮涂在试板上,再与目标颜色进行比对的方法(图4-14)。采用刮涂法刮涂出来的涂膜厚度要一致,颜色要保证均匀,同时要遮盖住底材,面积不能太小,否则都会影响颜色。采用刮涂法制作出来的颜色样板经烘烤干燥后,比较接近干燥后的实际涂料颜色,所以此种方法比直接比较法、点漆法效果好。

### 3. 喷涂法

喷涂法就是将调配好的涂料按规范操作喷涂到试板上,再与目标颜色进行对比的方法(图4-15)。前两种方法速度较快,但精准度稍差,可以用于单工序双组分纯色面漆的前期比色,喷涂法速度较慢但准确度高,适用于所有类型的涂料。下面以喷涂法为例详述单工序面漆颜色样板的制作方法。

图 4-14　刮涂法　　　图 4-15　喷涂法

(1)安全防护。按喷涂时的安全防护要求,穿戴合适的劳保防护用品。

(2)准备试板。

①选择合适的试板。根据面漆颜色选择合适灰度的颜色试板,并检查试板表面是否光滑平整。

②将试板固定及除油。将试板粘贴在喷涂架或喷涂板上(图4-16),确保试板喷涂时不会晃动,同时也要考虑喷涂完后易拿取。然后用除油剂擦拭干净表面,并粘尘。

(3)准备涂料。

①调配涂料。倒出适量涂料(每次只倒出够喷涂一个颜色样板的量即可),按产品技术说明添加配套的固化剂、稀释剂等辅料,并搅拌均匀。图4-17所示为某品牌单工序双组分纯色面漆产品的调配及喷涂技术说明。

图4-16 试板固定

图4-17 单工序面漆产品技术说明

②过滤装枪。将混合好的涂料过滤到面漆喷枪当中(图4-18)。

(4)调整喷枪。将喷枪扇幅、气压、出漆量按涂料厂家建议参数进行调整,然后试喷,检查喷枪是否正常,检查喷枪调节是否合适。

(5)喷涂涂料。单工序双组分纯色面漆一般喷涂两遍湿喷层即可。每遍涂层都按照从上到下的顺序,在不小于40cm×40cm范围内进行喷涂(图4-19)。两遍涂层间,根据喷涂环境温度、涂料要求静置5~10min左右,让涂料中的溶剂充分挥发。

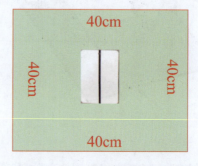

图4-18 过滤　　图4-19 试板喷涂面积

喷涂完成后的颜色试板表面,要达到光滑平整、无流挂、无厚边、遮盖均匀、无露底、无颜色发花等质量要求。

**注意:** 根据喷涂时要达到的涂膜效果,常见的喷涂手法有:雾喷、湿喷、半湿喷。

雾喷,就是喷涂完后能形成一层薄薄的、均匀的、较干效果涂层的喷法。雾喷手法一般用于溶剂型涂料刚开始喷涂时防止咬底和金属漆、珍珠漆喷涂效果层时。在施工时,可以通过增加喷涂距离和加快喷涂速度或调整喷枪参数等方法进行操作。

湿喷,就是喷涂完后能形成一层湿润、均匀、饱满,但不会堆积流挂效果的涂层喷法。湿喷手法常用于双组分涂料,如双组分中涂底漆、双组分面漆、清漆层的喷涂。在施工时一般通过控制喷涂速度来达到湿喷效果。

半湿喷介于雾喷和湿喷之间,一般指涂膜厚度刚刚形成湿润、均匀效果的喷涂手法。半湿喷手法一般用于金属底色漆、珍珠底色漆、水性底色漆的喷涂。在施工时也可以通过控制喷涂速度来达到半湿喷效果,它的喷涂速度一般快于湿喷,慢于雾喷。

雾喷、湿喷、半湿喷会因喷涂的涂料黏度不同而导致厚度不同,我们不能只以厚度作为雾喷、湿喷或半湿喷的判断依据。如一般单组分金属底色漆,它一遍半湿喷、一遍湿喷、一遍类似于雾喷的效果层,整个涂膜厚度大约 $10 \sim 15 \mu m$;而双组分清漆,二遍湿喷,整个涂膜厚度可以达到 $50 \sim 60 \mu m$。

### (三) 双工序颜色样板的喷涂

双工序面漆有两种不同性质的涂层,即单组分的底色层、双组分的清漆层。金属漆底色层施工方法对颜色的影响较大,为保证样板颜色的准确性,只能采用与车身相同的喷涂法制作颜色样板。下面我们以喷涂法为例介绍双工序面漆颜色样板的制作方法。

(1) 安全防护。穿戴合适的劳保防护用品。

(2) 准备试板。选择合适灰度的颜色样板并固定好,然后清洁、除油、粘尘。喷涂水性底色漆前,必须用水性清洁剂和除油剂分别进行擦拭。

(3) 准备涂料。

①倒出适量底色漆,按产品技术说明添加配套的辅料,并搅拌均匀。图4-20所示是某品牌90系列水性底色漆的产品调配方法及喷涂技术说明。

②倒出适量清漆,按产品技术说明添加配套的辅料,然后搅拌均匀。图4-21所示是某品牌清漆产品调配方法及喷涂技术说明。

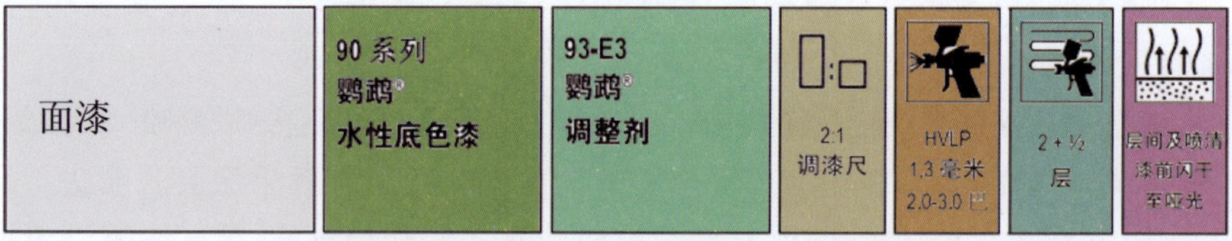

图 4-20　底色漆调配及喷涂技术说明

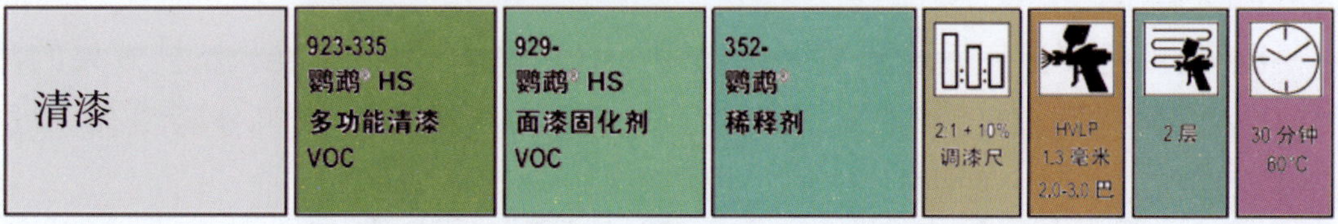

图 4-21　清漆调配及喷涂技术说明

（4）准备喷枪。根据涂料类型，选择底色漆和清漆喷枪，将混合好的涂料过滤到相应的喷枪里面，并对喷枪进行调整和试喷。

（5）喷涂底色漆。不同品牌、不同类型的底色漆，其喷涂方法有所不同，如某品牌 90 系列水性底色漆的喷涂方法如下。

①第一层底色漆喷涂。喷枪扇幅、出漆量旋钮全开，气压 0.2Pa，喷涂距离 10～15cm，整个试板表面半湿程度的均匀喷涂一层（图 4-22）。第一次喷涂一般按 50%～70% 的颜色遮盖效果进行喷涂，不宜湿喷。这种方法能最大限度地降低挥发时间，减少产品消耗。

然后使用文丘里吹风筒吹干表面至均匀亚光效果。使用文丘里吹风筒时，要确保适当的距离和位置（图 4-23），让空气流吹到较大的面积。

图 4-22　底色漆喷涂

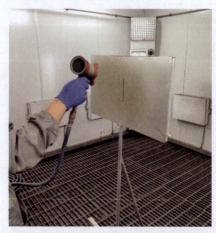

图 4-23　吹风筒吹干

②第二层底色漆喷涂。重复第一层色漆喷涂方法,将整个试板表面均匀地湿喷一层。这一层比第一层稍厚一点,但不能出现底色漆垂流。

然后再使用文丘里吹风筒吹干表面至均匀亚光状态。这一层吹干后,一定要仔细检查颜色遮盖效果和均匀程度,确保100%遮盖,且没有颜色发花现象。

如果有未遮盖好或有颜色发花的,需要重复第二层底色漆喷涂。

③第三层底色漆喷涂。枪距25~30cm,将板件表面以1/2涂层厚度均匀喷涂一层。这一层喷涂的目的是让金属漆或珍珠漆颜料颗粒排列与原厂效果保持一致,它对最终的颜色和漆膜效果影响较大,所以至关重要。但纯色底色漆的颗粒较细,对颜色影响不大,所以不用喷涂此层。

(6)喷涂清漆。底色漆主要提供颜色,但涂膜没有光泽,不能真实反映出面漆的颜色,所以需要喷涂一层清漆。清漆也是双组分产品,其喷涂方法可以参考单工序双组分面漆样板的喷涂方法,一般喷涂两个均匀的湿喷涂层即可,层间自然静置5~10min闪干。

### (四)三工序颜色样板的喷涂

三工序面漆中,最常见的是三工序珍珠漆,它主要由底色漆、珍珠漆、清漆三层组成,三工序面漆的一般喷涂方法如下。

(1)穿戴好合适的劳保防护用品。

(2)根据面漆颜色选择合适灰度的颜色试板,清洁干净后固定在喷涂架上。

(3)按产品技术说明,调配好底色漆、珍珠漆及清漆。

(4)将混合均匀的底色漆、珍珠漆、清漆过滤装枪。

(5)喷涂底色漆。三工序面漆中的底色漆层主要作用是遮盖住底层、更好地衬托珍珠颜色效果。底色漆层一般为单组分纯色底色漆(也有金属底色漆的),其喷涂方法同双工序面漆中的底色漆喷涂方法基本一致,但无需喷涂效果层,层间必须充分闪干。

(6)喷涂珍珠漆。一般珍珠漆层的喷涂方法与金属底色漆喷涂方法基本一致,两遍半湿层加一遍效果层即可,每层充分闪干。

需要注意的是,由于珍珠漆层一般是透明或半透明的,所以其遮盖效果较差,但是其喷涂厚度又对颜色影响极大,所以三工序汽车面漆在施工时,除必须保证颜色配方准确外,还需要保证涂料的调配比列、喷枪的调节参数、技师的喷涂手法,以及喷涂层数和厚度都按照涂料生产厂家的技术要求,这样才能保证最终的颜色。

可以采用分层做法制作颜色样板,即喷珍珠层时,在底色漆上喷涂不同层数的珍珠漆层来制作颜色试板。其具体方法如下:首先将已喷涂底色漆的试板充分干燥,再将底色漆区域分成四等份,并依次将下面三等份用遮蔽纸遮蔽好(图4-24),然后将未遮蔽部分喷涂一层珍珠漆。待涂层闪干后,撕掉最上一层遮蔽纸,再将未遮蔽部分喷涂一层珍珠漆。依此方法,每喷涂一层珍珠漆,撕去一层遮蔽纸,最后得到的样板珍珠层分别为四层、三层、二层、一层的颜色效果(图4-25)。

图4-24　分层遮蔽　　　　图4-25　分层喷涂

(7)喷涂清漆。按清漆产品技术说明,喷涂两个均匀的湿喷层,层间闪干5~10min即可。

**注意**:溶剂型底色漆的调配和喷涂方法可以参考水性底色漆,具体要求及标准请参考涂料生产厂家的技术说明。

## (五)样板干燥

单组分底色漆(如双工序面漆里面的底色漆和三工序里面的底色漆、珍珠漆等)干燥时,可以采用自然干燥或加速干燥的方法。对于溶剂型底色漆一般自然静置至均匀亚光状态即可,不建议吹干,以免影响金属或珍珠颗粒的排列;对于水性底色漆,由于水的挥发速度较慢,可以采用文丘里形式的吹风筒进行吹干,不可用普通风枪或喷枪进行吹干。文丘里吹风筒使用时必须置于工件45°斜上角、30~40cm距离,才能保证最好的效果、最高的效率。

对于双组分面漆,如单工序的双组分纯色面漆和清漆,层间闪干时一般采取自然静置的方法,待表面稍干后即可喷涂下一层。

为提高效率,在样板最后干燥时,一般采取烤箱或烤灯烘烤的方法进行强制干燥(图4-26)。样板一般较薄,烘烤时注意温度不要超过60℃,要避免底材变形,涂层起痱子、起泡、失光等缺陷,以防影响后面的颜色比对。

图4-26 样板烘烤

### 三、学习拓展

在实际工作中,有时很难把修补漆的颜色调配得与目标颜色完全一致,为减少颜色差异明显带来的返工,一般建议在维修时采用驳口喷涂的方法来进行施工。驳口喷涂主要有板块内驳口和板块间驳口两种方法,下面我们以某品牌90-系列金属水性底色漆过渡施工方法为例进行介绍。

#### 1. 板块内驳口修补

板块内驳口修补的目的主要是克服板块内的颜色差异,适用于损伤面积比较小的情况,这比整板喷涂方法显得更省时、更经济,效果也更好,其一般施工方法如下。

(1)驳口区域的前处理。用清洁剂将待修补区域擦拭干净后,用3号打磨机配合P1000-P2000海绵砂纸将驳口区域打磨至亚光状态(图4-27),清洁除油干净后做好遮蔽。

**注意**:驳口区域打磨时,只要将其磨至亚光状态,避免打磨过度,磨穿清漆层,否则需要扩大底色漆喷涂范围,导致板块内过渡修补无法实施。

(2)修补区域的喷涂。在修补区域湿喷一层驳口清漆(图4-28)。驳口清漆的调配方法及喷涂参数可以参考产品技术说明。喷涂驳口清漆的目的是防止底色漆发干发花而导致产生较大的色差。

图4-27 驳口区域的前处理

图4-28 修补区域的喷涂

(3)损伤区域的喷涂。在损伤区采用二层驳口渐淡法喷涂底色漆(图4-29),即通过摆枪手法喷涂两层底色漆,第一层喷涂范围比损伤区稍大,第二层范围比第一层稍大,两层之间无需闪干,两层喷涂完成后将整个底色漆和驳口清漆闪干至亚光状态。

(4)效果层的喷涂。在比底色漆稍大范围薄薄地雾喷一层效果层(图4-30),然后闪干至亚光状态。效果层喷涂也要采用驳口渐淡法,消除所有金属斑纹并调整金属感,让颜色形成自然过渡。

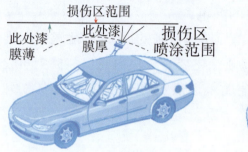

图4-29　损伤区域的喷涂　　　图4-30　效果层的喷涂

(5)清漆的喷涂。喷涂1.5~2层清漆,第一层薄喷至盖住底色漆为主,第二层正常湿喷,喷涂范围比第一层稍大或整板喷涂(图4-31)。这样喷涂的目的也是使最终的颜色、光泽和纹理与其他部位漆面保持一致。

(6)清漆驳口或过渡区域平滑处理。采用驳口稀释剂或点修补驳口溶剂,对驳口区域薄薄的渐淡喷涂1~2层,消除清漆边缘痕迹(图4-32)。

图4-31　清漆的喷涂　　　图4-32　清漆驳口或过度区域平滑处理

## 2. 板块间驳口修补

板块间驳口修补的目的主要是克服板块间的颜色差异,适用于损伤面积较大的情况。它虽没有板块内驳口节约材料,也没有单纯的整板喷涂简单,但是它能较好地避免因为颜色差异而导致的返工,其一般施工方法如下。

(1)驳口区域的前处理。用清洁剂将新板件或待修板件与相邻板件擦拭干净(图4-33),然后用3号磨头配合P1000-P2000海绵砂纸将相邻板件打磨至亚光状态,对所有待喷涂区域擦拭干净后进行遮蔽除油。

(2)新板件或待修板件的喷涂。在新板件或待修板件上喷涂一薄层底色漆并闪干。底色漆范围与相邻板块的过渡区域预留10cm范围不喷(图4-34)。

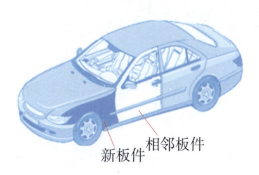

图4-33　驳口区域的前处理　　图4-34　新板件或待修板件的喷涂

(3)过渡区域及相邻区域的喷涂。对过渡区域及相邻区域喷涂二层驳口清漆(如图4-35所示)。层间无需闪干,第二层喷涂范围稍大于第一层,使驳口清漆形成一个平滑的过渡效果。

(4)两个板块之间过渡区域的喷涂。在两个相邻板块间过渡区域采用渐变过渡的方法喷涂二层底色漆(图4-36),层间无须闪干。

图4-35　过渡区域及相邻区域的喷涂　　图4-36　两个板块之间过渡区域的喷涂

(5)新板件或待修板件的喷涂。在新板件或待修板件上喷涂一层底色漆(图4-37),板件边缘采用渐淡法,完成底色漆的遮盖,然后所有涂层闪干至亚光。

(6)过渡区域及相邻板块的效果层喷涂。在两个板块之间采用渐淡方法喷涂一层效果层(图4-38)。此层喷涂时,为避免油漆飞散太开,可以适当调低气压。

(7)新板件或待修板件的效果层喷涂。在新板件或待修板件上面喷涂两层效果层(图4-39),效果层与相邻区域采用渐淡方法过渡,最后闪干至亚光。

(8)清漆的喷涂。喷涂1.5~2层清漆,第一层薄喷至盖住底色漆为主,第二层整板湿喷(图4-40)。

第三次底色漆喷涂范围

图 4-37　新板件或待修板件的喷涂

第一次效果层喷涂范围

图 4-38　过渡区域及相邻板块的效果层喷涂

第二次效果层喷涂范围

图 4-39　新板件或待修板件的效果层喷涂

清漆喷涂范围

图 4-40　清漆的喷涂

## 四、学习记录与评价

### 1. 理论知识记录

（1）底漆的主要作用是_____。中涂底漆的主要作用是：_____。这两种底漆的主要区别是_____
_____。

（2）中涂底漆的品种主要有_____。填充中涂底漆和免磨中涂底漆的主要区别是_____。

（3）可调色中涂底漆是指_____。选择与面漆颜色相同灰度值的中涂底漆的主要原因是_____。

（4）喷涂对颜色的影响因素主要有_____、_____、_____、_____四个方面。这四个方面导致金属漆颜色不同的根本原因是_____
_____。

（5）按银粉颗粒外形来分主要有_____两类，它们之间的颜色差异是

_____。按银粉颗粒大小来分主要有_____等几种,它们之间的颜色差异是_____
_____。

### 2. 实操数据记录

请根据喷涂样板时的涂料调配及喷涂方法,完成表4-8(单工序样板)或表4-9(双工序样板)中的相关内容。

**单工序颜色样板的喷涂**　　　　　　　　　　　　表4-8

| 涂料型号及比例 | | 喷枪型号及口径 | | 层间闪干方法 | |
|---|---|---|---|---|---|
| 喷涂层数、喷枪调节、喷涂操作等要点 | | | | | |

**双工序颜色样板的喷涂**　　　　　　　　　　　　表4-9

| | 涂料型号及比例 | | 喷枪型号及口径 | | 层间闪干方法 | |
|---|---|---|---|---|---|---|
| 底色漆 | 喷涂层数、喷枪调节、喷涂操作等要点 | | | | | |
| 清漆 | 涂料型号及比例 | | 喷枪型号及口径 | | 层间闪干方法 | |
| | 喷涂层数、喷枪调节、喷涂操作等要点 | | | | | |

## 3. 评价

（1）自我评价。请根据自己对本节专业知识掌握情况，完成表4-10中的相关内容。

自我评价表　　　　　　　表4-10

| 评价内容 | 完全掌握 | 部分掌握 | 少部分掌握 |
| --- | --- | --- | --- |
| 理论知识 | | | |
| 单工序颜色样板的喷涂 | | | |
| 双工序颜色样板的喷涂 | | | |
| 三工序颜色样板的喷涂 | | | |

（2）小组评价。请组长根据组员表现，完成表4-11中的相关内容。

小组评价表　　　　　　　表4-11

| 序号 | 评价项目 | 评价情况(优秀/合格/不合格) | 备注(填写不合格原因) |
| --- | --- | --- | --- |
| 1 | 着装符合要求 | | |
| 2 | 能合理规范地使用仪器和设备 | | |
| 3 | 能按照安全和规范的流程操作 | | |
| 4 | 遵守学习、实训场地的规章制度 | | |
| 5 | 能保持学习、实训场地整洁 | | |
| 6 | 团结协作情况 | | |

参与评价的同学签名：_____时间：_____

（3）教师评价与建议（针对学生学习记录完成情况、实训情况、学习态度等进行评价）：

_____

_____

教师签名：_____时间：_____

### 五、技能考核标准

本考核项目需独立完成，主要检验学员对喷涂样板技能的掌握情况，表4-12为技能考核标准表。

## 喷涂样板技能考核标准表　　　　表 4-12

| 班级 | | 姓名 | | 考核日期 | |
|---|---|---|---|---|---|
| 考核说明 | | 1. 每人独立完成面漆颜色样板喷涂，并完成相关表格的填写；<br>2. 在 40min 内完成考核项目，评判每步的正确性及施工质量；<br>3. 考核结束时提交样板及考核记录表。 | | | |
| 评分项 | 得分条件 | | | 配分 | 扣分 |
| 试板准备 | 选择合适灰度的样板（根据灰度值接近度，每隔一个灰度扣 1 分） | | | 5 | |
| | 试板表面正确清洁（未擦拭扣 2 分） | | | 2 | |
| 涂料准备 | ★根据温度，选用配套固化剂、稀释剂等辅料（每种产品选择错误扣 3 分） | | | 6 | |
| | ★比例正确（体积比或质量比，根据添加精确度扣 1~6 分） | | | 6 | |
| | 涂料充分搅拌（未搅拌足够时间扣 1 分，未顺、逆时针搅拌扣 1 分） | | | 2 | |
| | ★选择合适型号及口径的喷枪（型号及口径每错误一项扣 1 分） | | | 4 | |
| | 涂料装枪前选用合适滤网过滤（未用或选择错误过滤网扣 1 分） | | | 1 | |
| 样板喷涂 | ★正确调整喷枪并测试（出漆量、气压、扇幅，每错一项扣 1 分） | | | 6 | |
| | ★正确的喷枪操作（距离、角度、重叠，每错一项扣 1 分） | | | 6 | |
| | ★正确的喷涂层数（单工序面漆/双工序面漆，每多或少一层扣 2 分） | | | 6 | |
| | ★正确的层间闪干（水性底色漆风筒吹干至亚光、清漆烤干至表干，每错误一项扣 1 分） | | | 2 | |

续上表

| 评分项 | 得分条件 | 配分 | 扣分 |
|---|---|---|---|
| 样板喷涂 | 正确的喷涂范围(喷涂范围约 40cm×40cm,范围过小扣2分) | 2 | |
| | 色板正确烤干(烤干方法、烤干质量,根据问题扣1~2分) | 2 | |
| 安全防护 | 正确地进行安全防护(防护服、护目镜、手套、活性炭面罩、安全鞋等,漏戴或错戴扣1分/次) | 7 | |
| 现场7S | 喷枪清洗干净并还原(未清洗干净扣2分/把) | 3 | |
| | 工位整理及清洁干净,无滴漆(未做好扣1分) | 1 | |
| | 废弃物分类处置(未做好扣1分) | 1 | |
| 最终效果 | 样板颜色完全遮盖(根据能看到底色面积扣5~10分) | 10 | |
| | 样板颜色均匀(根据颜色不均匀程度扣5~10分) | 10 | |
| | 样板喷涂的质量(影响比色扣18分,不影响比色但有质量缺陷扣1~18分) | 18 | |
| 总分 | | 100 | |

# 学习任务五 比对颜色

## 学习目标

☆**知识目标**

1. 了解物体颜色的产生条件(初级技能);
2. 掌握物体颜色的基本属性(初级技能);
3. 了解孟塞尔表色法(中级技能)
4. 了解颜色的类型(初级技能)。

☆**技能目标**

1. 能正确地使用和维护各种比色工具及设备(初级技能);
2. 能规范地进行颜色比对(初级技能);
3. 能正确地进行色差分析(初、中级技能);
4. 能规范地进行色差记录(初、中级技能)。

## 建议课时

6~8课时。

## 任务描述

根据配方调配出来的涂料,按规范施工制作出颜色样板后,现请对颜色样板进行正确的比对,以便准确地分析出样板颜色与目标颜色的差异。

## 一、理论知识准备

### (一)物体颜色的产生

颜色是光作用于人的眼睛后引起的除形象外的视觉特性,也可以说是光线和感觉器官作用后所引起的一种生理感觉。物体的颜色是光线照射于物体上,经过吸收、反射或透射之后作用于人的眼睛,再由眼中的视觉神经将信息传给大脑,然后大脑判断得出的颜色感觉(图5-1)。

自然界中的每种物体都有各自的光学特征,在太阳光的照射下会呈现出不同的颜色,这种颜色叫物体的固有色。通常物体的固有色是不变的,但是当观察条件出现变化时,它们所呈现的颜色也就不同了。物体颜色的产生必须具备的三个基本条件,即光源、观察者(眼睛)、物体。

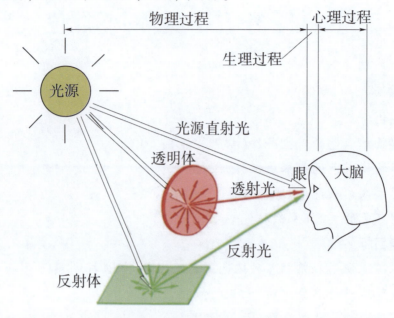

图 5-1　物体颜色的产生

**1. 光源**

没有光就没有颜色,光是产生颜色的首要条件。自己能发光的物体叫光源。光源有自然光源和人造光源之分,太阳是主要的自然光源,灯光、烛光等属于人造光源。太阳光由红、橙、黄、绿、青、蓝、紫七种不能再分解的单色光组成,每种单色光对应一定波长的光谱(图 5-2)。由单色光所混合的光称为复色光,人眼所能看到的可见光光谱波长范围在 380～780nm 之间。

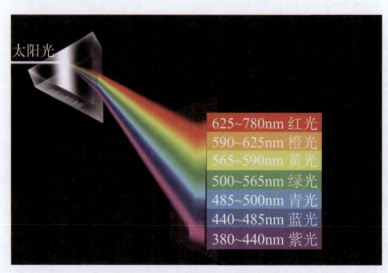

图 5-2　太阳光的组成

不同光源的色光组成和光谱各不一样(图5-3),同一物体置于不同光源下,其固有色也随之发生变化(图5-4)。

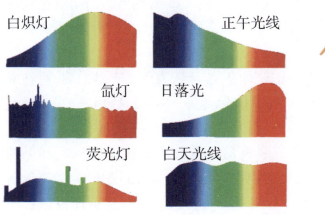

图5-3 不同光源光谱

图5-4 不同光源对物体颜色的影响

光源的强度也会使固有色发生改变,太亮的强光会使固有色变浅,太暗的光线则会使固有色变灰暗乃至消失。另外,光源的距离、媒质的变化等也会使固有色发生改变。如白炽灯光,随着距离的推远,其颜色由黄逐渐向橙、橙红、红色变化。

2. 观察者(眼睛)

光是产生颜色感觉的物理基础,观察者的眼睛则是产生颜色感觉的生理基础(图5-5)。

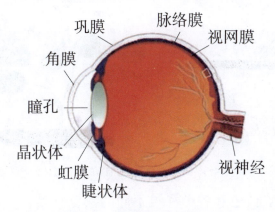

图5-5 眼睛的结构图

眼睛观看物体时,物体通过晶状体在视网膜上成像,并呈现倒立状。在视网膜内含有两种类型的神经末梢:视锥细胞和视杆细胞。视锥细胞含有三种感光蛋白,分别接受红、绿、蓝三种色的感光作用(与色光的三原色相对应),能够分辨各种颜色。眼睛若缺少某一种感光蛋白时,将产生色盲的视觉状态。如三种感光蛋白原都没有或都很少,即为全色盲或色弱。视杆细胞对色彩的明暗感觉反应敏锐,但不能分辨色相关系。色盲者没有或缺乏辨认彩色的能力,但具有视物的能力和分辨明暗的能力。

每个观察者对颜色的视感觉是稍有差别的,甚至认为色觉正常的人,对红或蓝仍可能有所偏倚。随着年龄的增加,视力也会改变。由于这些因素,同一种颜色在不同的人看来也是不一样的。因此,尽量选用仪器比色评价。当进行目视比较时,对观察者的要求是:必须由没有色视觉缺陷的人来担当观察者,如果观察者佩戴眼镜,镜片必须在整个可见光谱内有均匀的光谱透过率。为了避免眼睛疲劳,在对有强烈色彩样板比色时,不要立即对浅色样板和补色样板进行比色。在对明亮的高彩度色进行比色时,如不能迅速做出判定,观察者应对近旁中性灰色看上几秒钟再进行比色。如果观察者进行连续比色,则应经常间隔地休息几分钟,以保证目视比色的准确性,同时在休息期间不要看彩色物体。

### 3. 物体

物体对光线有吸收、反射和折射作用,物体只反射(或折射)属于本身颜色特性的光,其他颜色的光均被物体吸收了(图 5-6)。根据物体对光的反射或吸收程度的不同,物体的颜色可分为彩色和消色两大类。

图 5-6 物体形成颜色的原因

消色就是指黑色、白色和各种深浅不同的灰色。黑、白、灰色的物体对光源的光谱成分不是有选择地吸收和反射,而是等量吸收和等量反射各种光谱成分。对各种光谱成分全部吸收的表面看上去是黑色,等量吸收一部分和反射一部分的表面是灰色,反射绝大部分而吸收极小部分的是白色。消色只有明度没有彩度,消色物体又被称为无彩色物体。彩色是指除消色以外的各种颜色,彩色物体只反射某种或几种单色光,其颜色取决于所反射的单色光的颜色。

物体的基本颜色特征是固有色,但由于光源色与环境色的影响,物体的色彩丰富多变。每一物体的颜色都是物体的固有色与条件色(在特定的光源与环境下物体呈现的颜色)的综合体现。

### (二)物体颜色的属性

颜色是一种感觉,由于每个人的生理结构、认知、理解、表达的不同,对颜色感觉描述的结果也会不同,那么如何对颜色进行定性、定量的描述呢?尽管颜色有很多,但纵观所有颜色,都有三个共同点,即一定的色彩相貌、一定的明亮程度和一定的浓淡程度,我们把颜色的这三个共同点叫颜色的三个属性或特性,分别称为色调、明度和彩度。物体颜色的三个属性可以用仪器测定或目测来比较评定,它是颜色分类和说明颜色变化规律最简练、最易接受的一种方法。

#### 1. 色调

色调也叫色相或色别,即色彩的相貌。它是色彩最基本的特征,是不同颜色之间相互区分最明显的特征。它能够比较确切地表示某种颜色类别的名称,如红、橙、黄、绿、青、蓝、紫,每一个名称都代表一类具体的色调。紫红、红、红黄等都是红色类中各个不同的色调,这三种颜色之间的差别就属于色调的差别。

图5-7　色相环

由不同色调按一定规律组成的环形图称为色相环(图5-7)。在排除明度和彩度的情况下,可以认为每个颜色都能在色相环中找到相应色调的位置。

#### 2. 明度

明度也称为亮度、深浅度或黑白度等。明度是表示一个物体反射光线多少的颜色属性,是人们所看到的颜色引起的视觉上明暗程度的感觉。同一色调可以有不同的明度,比如图5-8中的颜色色调都为绿色,它们之间的差别主要是明度之间的差别,也就是颜色亮、暗之间的差别。不同色调也可以有不同的明度,如在太阳光谱中,紫色明度最低,红色和绿色明度中等,黄色明度最高,所以人们感到黄色最亮。

## 3. 彩度

彩度也称为纯度、鲜艳度或饱和度，是指反射或透射光线接近光谱色的程度。也可以说是颜色偏离具有相同明度的灰色程度（图5-9）。彩度是颜色在心理上的纯度感觉。在可见光谱中各种单色光是最纯的颜色，为极限纯度。

图 5-8　明度比较

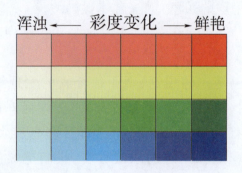

图 5-9　彩度比较

**注意**：无彩色系列（如黑色、白色和灰色）是没有色相和彩度的，只有明暗度上的差异。但汽车上使用的黑、白、灰色是添加了多种彩色色母的混合涂料，非标准无彩色，所以其也有色相、明度、彩度的属性。

## （三）孟塞尔表色法

为了规范颜色的使用和管理，目前国际上广泛采用孟塞尔（A. H. Munsell）表色法来进行颜色的研究。它用一个类似球体模型（如图5-10所示）的三维空间把各种颜色的三种基本属性全部表示出来。在立体模型中的每一个点代表一个特定的颜色，并给予一定的标注。学习孟塞尔表色法有助于理解颜色的概念和属性。

图 5-10　孟塞尔颜色体系立体模型

### 1. 孟塞尔色调的表示方法

孟塞尔颜色模型水平剖面上的各个方向代表10种色调，即5个主色调（红、黄、绿、蓝、紫）和5个中间色调（黄红、绿黄、蓝绿、紫蓝、红紫），组成了孟塞尔颜色系统的色相环。为了进行更细的区分，又把每一种色调分成10个等级，用数值1～10表示，其中5为纯正的颜色，小于5的颜色偏向于1的相邻色调，大于5的颜色偏向于10的相邻色调，数值偏离5越远，含有相邻色就越多。例如，5R表示纯正的红色，1R表示偏紫的红色，9R为偏黄的红色。这样，孟塞尔色相环上共有100种色调（图5-11）。

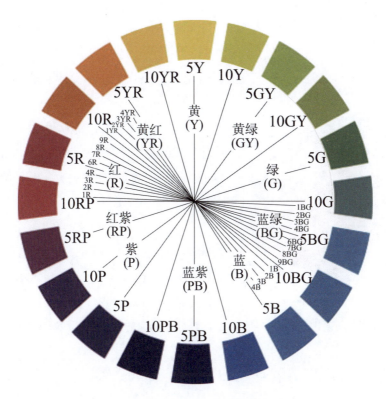

图 5-11　孟塞尔色调的表示方法

### 2. 孟塞尔明度的表示方法

孟塞尔颜色模型的中央轴代表无彩色白黑系列中性色的明度等级,顶部为白色,底部为黑色,并把理想白色的明度等级定为10,理想黑色的明度等级定为0,理想白色与理想黑色之间分为9个明度等级。由于理想的白色和黑色是不存在的,因此,在实际应用中只用明度值1~9(图5-12)。

### 3. 孟塞尔彩度的表示方法

在孟塞尔颜色模型中,用颜色离开中央轴的水平距离代表彩度的变化,表示具有相同明度值的颜色离开中性灰色的程度。孟塞尔颜色模型将彩度分为0~14个等级,中央轴上的中性色彩度为0,离中央轴

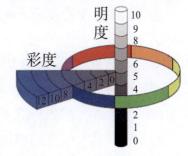

图 5-12　孟塞尔明度彩度表示方法

的距离越远,颜色的彩度值越大,现实生活中彩度为14的颜色很少,颜色彩度通常只有12个等级(图5-12)。各色调在中灰明度时彩度最高。

### 4. 孟塞尔颜色的标注方法

任何颜色都可用孟塞尔颜色模型上的色调(H)、明度(V)、彩度(C)这三项

坐标值进行表示,其标注方法为HV/C(即色相 明度/彩度)。例如,一个标注为"8R5/14"的颜色,表示它的色调值为8R,明度值5,彩度值12,从这个标注可以得出,这是一个中等亮度、彩度很高的偏橙色的红色。

中性颜色由于其彩度为0,所以颜色标注可以写成NV/(N表示中性的意思,V表示明度),例如N9/表示明度值为9的浅灰色。

孟塞尔颜色系统中10个主要色调的标注为:R4/14(红)、YR6/12(黄红)、Y8/12(黄)、YG7/10(黄绿)、G5/8(绿)、BG5/6(蓝绿)、BG/8(蓝)、BP3/12(蓝紫)、P4/12(紫)、RP4/12(红紫)(图5-13)。

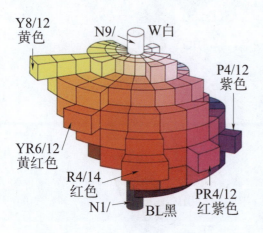

图5-13 孟塞尔颜色标注示例

### (四)颜色的类型

#### 1.原色

所谓原色,又称为基色,即不能由其他颜色调和出来的颜色。根据自然界中各种颜色形成的原理不同,原色可以分成色光的三原色和颜料的三原色。

(1)色光三原色。白光分解后得到的红色、绿色、蓝色单色光以不同比例混合后,几乎可以得到自然界中的一切色光,而这三种色光不能由另外的色光混合出来。由此,人们将红、绿、蓝称为色光三原色(图5-14)。

利用色光三原色混合而得到的颜色,明度会随色光混合量的增加而增强(图5-15),混合色的总亮度等于相混合各色光亮的总和,因此称为加色混合。加色混合主要应用于人造光

图5-14 光的三原色

媒体、电子媒体及数字媒体等色彩设计,如舞台、显示屏、多媒体呈现的颜色。

(2)颜料三原色。从颜料混合实验中,人们发现,由红、黄、蓝三种颜料以不同比例相混合,可以调配出大部分物体的颜色,而这三种颜色却不能用其他颜料混合而成。因此,人们将红、黄、蓝三色称为颜料的三原色(图5-16)。

颜料和光是截然不同的物质,颜料混合后的色彩光度低于原来各色的光度,混合色越多,被吸收的光线越多,就越接近黑色(图 5-17),所以颜料的混合与色光的混合也截然不同,人们把颜料的混合称为减色混合。减色混合是涂料颜色调配的理论基础,本书后面的理论都是基于减色混合原理进行讨论。

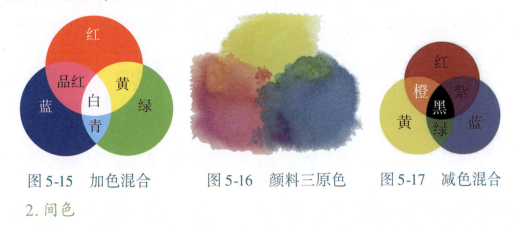

图 5-15　加色混合　　　图 5-16　颜料三原色　　　图 5-17　减色混合

## 2. 间色

两种原色混合出来的颜色即为间色,也称次级色。如两种原色等比例混合就可以得到:红色 + 黄色 = 橙色,黄色 + 蓝色 = 绿色,蓝色 + 红色 = 紫色,如图 5-18 所示。在调配时,如果某种色漆的含量多,则混合成的颜色就偏向含量多的原色。如红与黄混合时,红多黄少得到橙红色,红少黄多得到橙黄色;黄与蓝混合时,黄多蓝少得到黄绿色,黄少蓝多得到蓝绿色;蓝与红混合时,蓝多红少得到蓝紫色,蓝少红多得到紫红色。

## 3. 复色

用原色与间色或用间色与间色相混合而成的颜色称为复色,也称三级色(图 5-19)。复色也可以说是由红、黄、蓝三原色按不同比例混合而得到的颜色。黑色可以看成是复色的一个特例,是红、黄、蓝三原色等量混合得到的颜色。

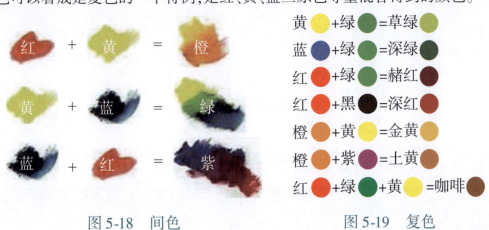

图 5-18　间色　　　　　　　　图 5-19　复色

### 4. 消色

调色时加入非彩色中的白色、黑色或灰色可明显降低颜色的彩度,使原色色调减弱、改变,甚至消失,如向紫色中加入等量的黑色,则紫色的色调就会完全消失而变为黑色。因此将白色、黑色或灰色称为消色。在原色、间色或复色中加入一定量的白色,可调配出粉红、肉色、淡紫等(图5-20);加入黑色,则可调配出棕色、灰色、褐色等。

在调色过程中,合理地使用消色,可以对颜色的色调、明度、彩度起矫正与调节的作用。

### 5. 互补色

在色相环上,对角的两个颜色混合会变灰色或黑色,所以称为互补色(图5-21)。如红色与绿色互补,蓝色与橙色互补,紫色与黄色互补。在调色时应尽量避免使用互补色,但有时为了抵消某个太强的颜色,降低其颜色的鲜艳度,可以加入该颜色的互补色。加入互补色可以快速降低颜色的彩度,但不能添加过量,以防混合色过于浑浊而导致调色失败。

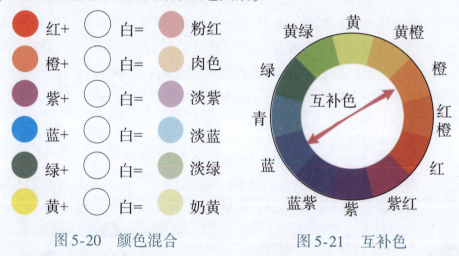

图5-20 颜色混合　　　　图5-21 互补色

## 二、任务实施

### (一)作业前的准备

#### 1. 主要工具、设备、材料的准备

颜色比对时需要用到的主要设备、材料包括:配色灯箱、颜色配方、颜色试板、颜色目标板等。

配色灯箱的主要作用是在调色时光线不好的情况下模拟一个自然光的环境,用于观察和辨别颜色(图5-22)。现在常用的比较接近日光的光源为 D65 光源。由于不同光源下看到的颜色有所不同,所以在灯箱中一般还配备了其他几种不同光源的灯管,如"A"代表卤钨灯光源(居家照明)、"UV"代表紫外光光源、"CWF"代表商店冷白日光光源、"TL84"代表一般商店光源等。

### 2. 个人安全防护的准备

比对颜色时也会接触到涂料、溶剂等,操作前需要做好个人安全防护准备工作(图5-23)。

图5-22　配色灯箱

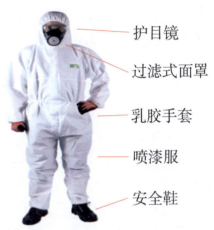

图5-23　比对颜色时的防护

## (二)色板比对

色板比对就是把试板和目标板放在一起,用肉眼判断两个板件颜色是否相同。在进行颜色比对时,受不同的观察者、观察方法、光源种类、周围环境、试样大小等因素影响,会产生不同的结果,颜色比对的一般方法和要求如下。

(1)选择合适规格的试板。物体小时反光面小,颜色看起来偏暗;物体大时反光面大,颜色看起来鲜艳、明亮。在选择和制作颜色试板时也要尽量大一些,刮涂试板面积一般不小于 30mm×30mm,喷涂试板面积一般为 100mm×150mm。

(2)选择正确的试板制作方法。颜色试板的制作方法有直接比较法、刮涂法和喷涂法三种。对于单工序双组分纯色面漆,由于涂膜厚度、干湿效果对最终颜色影响相对较小,在前期比对时可以采用比较法、刮涂法进行,当颜色比较接近或颜色准确度要求比较高时,需要采用喷涂法。对于双工序或多工序的纯色漆、金属漆、珍珠漆以及所有水性底色漆,由于涂膜厚度、干湿效果等对最终颜色影响比较大,所以必须采用与目标涂层相同的施工方法,才能保证试板上的涂层颜色效果更加接近目标颜色效果。目前,汽车制造涂装和汽车维修涂装涂层都是采用喷涂法,所以采用喷涂法制作颜色试板进行比对是最合适的方法。

(3)选择合适的光源。光源对颜色比对的影响较大。颜色比对时的最理想光源是非直射的太阳光,最理想时间是日出后 3h 到日落前 3h 之间。不要在暗光环境下比色,也不要在直射的阳光下比色。如果没有合适的自然光源,可以使用含有 D65 光源的配色灯箱进行比色。D65 光源与太阳光具有相近的光谱分布,具有极高的显色性能,在 D65 光源下看到的颜色与在日光下看到的颜色最为接近。观察金属或珍珠颜料颗粒效果时可以在强光光源下进行。

**注意:**两个物体在任何光源下观察都完全等色,称为同色同谱。如果两个颜色在某一光源下观察是等色的,而在另一种光源下观察是不等色的,这种现象称之为同色异谱(图 5-24)。为了避免出现同色异谱现象,可以用太阳光、D65 光源观察后,再用其他光源进行检验。在调色时,添加了配方之外的色母也容易出现同色异谱现象。

(4)选择合适的比对环境。用于颜色比对的周围环境应无反光、无彩色。有反光、彩色环境都会将周围的颜色反射到要比较的颜色上面,影响颜色的真实效果。调色室、喷涂室内的墙壁及物体应涂成亚光的白色或灰色。调色人员也不能穿颜色鲜艳的衣服、不能戴有色眼镜进行调色(图 5-25)。

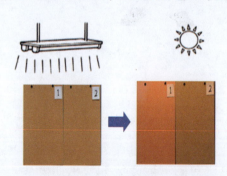

图 5-24　同色异谱现象　　　图 5-25　正确的比色环境

(5)选择合适的比对角度。颜色比对时,试板与目标板要并放或叠放在一起,中间不留缝隙,如果在自然光源下比对,可以采用如图 5-26 所示角度及方法;如果在对色灯或配色灯箱下比对,可以采用如图 5-27 所示角度及方法。如果是实车,可以采用如图 5-28 所示角度及方法。

最后判断分析两块色板正面、侧面两个角度的色调、明度、彩度三个方面的差异。对于金属漆、珍珠漆,还要判断其颗粒大小、闪烁程度等情况。

(6)选择合适的比对距离。观察颜色时一般保持 1m 左右的距离。观察颜料颗粒属性时可以适当近一点。

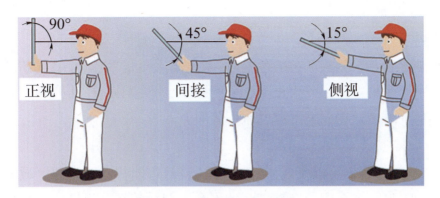

图 5-26　自然光源下比对

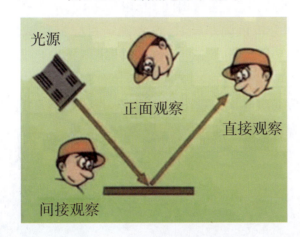

图 5-27　对色灯下比对

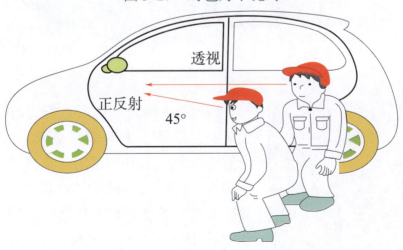

图 5-28　实车比对

另外,颜色比对过程中应交替观察试板和目标板,不要长时间的注视,否则容易产生错觉。观察完鲜艳颜色后,不要立即观察较为暗淡的颜色。

### (三) 色差分析

在分析试板与目标板颜色的色差时,素色漆主要是看色调、明度和彩度三个方面的差异。金属漆除了分析正视、侧视的颜色属性差异外,还要判断金属颜料颗粒效果的差异等。色差的一般分析方法如下。

#### 1. 色调差异的分析

通过色相环,我们可以发现,任何一个色调只可能往左右相邻区域的色调发生偏向,比如红色,要么偏橙,要么偏紫,不会有偏绿的红。当试板和目标板进行比对时,虽然两个色板颜色主色调相同,但相对来说,两个色板的副色调会呈现不同的色调偏向。在分析色调差异时,首先确定目标板和试色板的主色调,然后确定目标板、试色板色调的偏向,从而确定了两块色板的色调差异。例如图 5-29 所示两块色板,其主色调都是红色,若把这两块色板放在色相环上进行颜色定位(图 5-30),可以分析得出两块色板的色调差异:目标板 A 偏紫、试色板 B 偏橙。

图 5-29　纯色漆色板

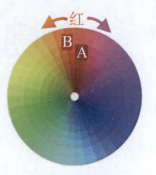

图 5-30　色调定位

#### 2. 明度差异的分析

图 5-31　明度对比

明度是人眼对颜色所感受到的亮暗程度,比对明度差异时,可以将目标板和试色板与黑白渐变图比较,按照眼睛的感觉,判断两块色板的深浅、亮暗,从而确定了两块色板的明度差异。如图 5-29 所示的两块色板,与黑白渐变图比对后(图 5-31),可以分析得出其明度差异:A 板要暗、深一点,B 板要亮、浅一点。

#### 3. 彩度差异的分析

彩度可以被理解为颜色接近其光谱色的程

度。当两块色板比对彩度差异时,可以将色板与彩度最高的颜色进行比对,或将色板与对应的主色彩度变化图进行比对,越接近光谱色的颜色彩度越高,反之则彩度低,从而可以确定两块色板的彩度差异。如图 5-29 所示的两块色板,与彩度变化图比对后(图 5-32),可以分析得出其彩度差异:A 板远离红色光谱色,彩度浑浊;B 板比 A 板更接近红色光谱色,彩度相对鲜艳。

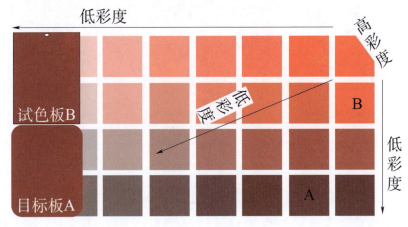

图 5-32　彩度对比

#### 4. 颜料颗粒效果的分析

金属漆里面的金属颜料颗粒,有大小、多少、闪烁程度不同之分,当两块色板比对时,按视觉感觉判断颜料颗粒效果的差异。如图 5-33 所示两块色板,通过对比分析得出:A 板相对于 B 板来说颗粒偏小、偏少、不够闪;B 板相对于 A 板来说颗粒偏大、偏多且偏闪。

### (四) 色差结果记录

色差分析完后,要将分析的最终结果记录下来,这样既方便后续的颜色微调工作,也有助于调色作业完成后的反思和总结。一般用偏红、偏橙、偏黄、偏绿、偏蓝、偏紫等描述色调差异,用偏暗/亮或偏深/浅描述明度差异,用偏鲜艳/浑浊描述彩度差异。可以用偏大/小、偏多/少、偏闪/不闪描述颜料颗粒效果时,当两块色板的颜料颗粒效果没有明显差异时,可以用颗粒一致来进行描述。

图 5-33　金属漆色板

(1) 纯色漆颜色比对结果记录。纯色漆颜色属性正视、侧视效果一致,表面看不到颜料颗粒,所以其分析及结果填写较简单。如图 5-29 所示两块色板,其比对结果记录表见表 5-1。

颜色分析及配方表　　　　　　　　　　　　表 5-1

| 颜色名称：＊＊＊ | | | | | |
|---|---|---|---|---|---|
| 颜色代码：＊＊＊ | | | | | |
| 和配方板（或试色板）相比，目标板颜色： | | | | | |
| 色相：偏紫　　　明度：偏暗　　　彩度：浑浊 | | | | | |
| 给出的配方 | 实验配方1 | 实验配方2 | 实验配方3 | 实验配方4 | 最终配方 |
| 色母 | 用量 | | | | |
|  |  |  |  |  |  |
|  |  |  |  |  |  |
|  |  |  |  |  |  |
|  |  |  |  |  |  |
|  |  |  |  |  |  |

（2）金属漆颜色比对结果记录。金属漆颜色属性正视、侧视效果有时一致，有时不一致，所以必须分别分析和记录，同时还必须填写颜料颗粒效果差异。图 5-32 所示两块色板色差分析结果记录见表 5-2。

颜色分析及配方表　　　　　　　　　　　　表 5-2

| 颜色名称：＊＊＊　　　　　　颜色代码：＊＊＊ | | | | | |
|---|---|---|---|---|---|
| 正面观察，和配方板（或试色板）相比，目标板颜色： | | | | | |
| 颗粒：偏小、偏少、不闪　色相：偏橙　明度：偏暗　彩度：鲜艳 | | | | | |
| 侧面观察，和配方板（或试色板）相比，目标板颜色： | | | | | |
| 颗粒：偏小、偏少、不闪　色相：偏红　明度：偏亮　彩度：鲜艳 | | | | | |
| 给出的配方 | 实验配方1 | 实验配方2 | 实验配方3 | 实验配方4 | 最终配方 |
| 色母 | 用量 | | | | |
|  |  |  |  |  |  |
|  |  |  |  |  |  |
|  |  |  |  |  |  |
|  |  |  |  |  |  |
|  |  |  |  |  |  |

## 三、学习拓展

能准确辨别出颜色在色相、明度、彩度上的差异,是调色的基础。要想能熟练准确地判断颜色差异,必须要有很好的色感。色感可以通过合适的方法进行强化训练。

### 1. MUNSELL(孟塞尔)色相测试色棋

孟塞尔色相测试色棋是一种用于训练和评估色彩敏锐度的工具,通过测试对象按颜色顺序放置颜色帽的能力来检测颜色视觉能力。它由一套色棋(图 5-34)和一套软件组成(图 5-35)。色棋包括 4 个托盘,93 个彩色棋子(彩色棋子颜色依色相递增方式变化,横跨整个可见光谱),其中只有 85 个棋子可移动,按照颜色色相变化的规律分装在 4 个托盘盒子中,每个盒子的两端各有 1 个固定的色相棋子,作为色序起止参考。

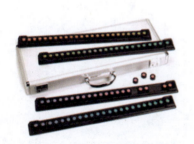

图 5-34　MUNSELL(孟塞尔)色相测试色棋

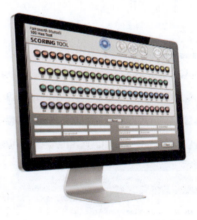

图 5-35　FM100 Hue 软件

色棋和软件的一般使用方法如下。

(1)打开任意一个托盘盒,除固定的棋子不动外,将其他棋子全部倒出,并打乱原来的顺序,然后将所有棋子随机放回到托盘盒中(图 5-36)。

图 5-36　随机排列棋子

(2)采用上述方法,分别将剩下三个托盘盒子中的棋子摆放顺序打乱,使其随机排列(图 5-37)。

图 5-37　随机排列棋子

(3)在非直射的太阳光或 D65 光源下,将 4 组托盘里面的彩色棋子分别按照各自色相起止色依序排列好。

(4)将每个托盘的盖子盖好,并翻转过来,通过查看色棋背面的数字是否依序摆放,来判断色棋排列是否有误。

(5)将软件中的色棋按照实际结果排列摆放(图 5-38),点击分析按钮,就可通过软件的分析计算出测试得分及色觉缺陷等(图 5-39)。

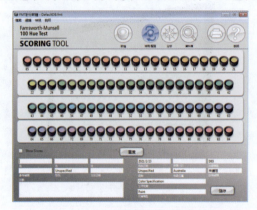

图 5-38　软件色棋排列

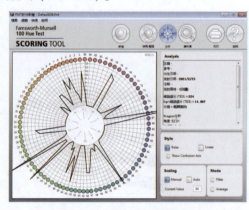

图 5-39　软件色棋分析

## 2. NCS(自然色彩系统)培训材料

NCS 培训材料是一套学习色彩应用规律的资料,它包括色彩基本属性练习、NCS 色彩表征理解练习、色彩程度和相似性关系练习、色彩现象及色彩之间相互影响练习等五大部分,共计 20 个不同的针对性专业色彩练习项目。下面介绍部分项目的练习目的和练习方法。

(1)色相区别练习(图 5-40),主要训练观察和分析细微色相差别的能力,分辨颜色中的黄色、红色、蓝色和绿色四个色相属性。

使用方法:从任何一个颜色样本开始,把它放在"梯子"的顶部。然后把相似的样品放在下面。继续以同样的方式,直到所有的颜色样品已到位。颜色因黄色、红色、蓝色和绿色而不同。

（2）黑度/白度/彩度区别练习（图5-41），主要训练观察和分析细微黑度、白度及彩度差别的能力，分辨颜色中的黑度、白度、彩度属性。

图5-40　色相区别练习　　　图5-41　黑白度区别练习

使用方法：从任何一个颜色样本开始，把它放在"梯子"的顶部。然后把相似的样品放在下面。继续以同样的方式，直到所有的颜色样品已到位。颜色因黄色、红色、蓝色和绿色而不同。

（3）基准色和基本属性练习（图5-42），主要训练判断颜色主要属性和次要属性的能力。

使用方法：根据主要属性，将颜色样本分为六组（白色、黑色、黄色、红色、蓝色和绿色），每组的基准色为最纯的颜色，如纯白色（W）、纯红色（R）等，组中所有其他颜色都与基准色有关，根据图中提示依次摆放好基准色及其他颜色色块。

（4）色相圆环练习（图5-43），主要训练判断色相、黑度、白度、彩度等色彩属性的能力，根据色彩空间规律在色彩圆环及色彩三角中找对应颜色的能力。帮助有序地排列和归纳颜色，同时更好地理解NCS系统及其视觉现象。

图5-42　基准色基本属性练习　　　图5-43　色相圆环练习

使用方法:按照主要的三种类型白度、黑度和色度,将样品分为三组。从深的颜色开始,分别找出黄色(Y)、红色(R)、绿色(G)、蓝色(B)主色,然后根据主色之间的色相变化规律,依次摆放好其他颜色。白度是其中一个主要属性,而黑度是另一个主要属性,另外两个组应该以同样的方式安排。

(5)色彩三角练习(图5-44),主要训练判断颜色黑度、白度及彩度的能力,并将不同颜色有序排列成色彩三角。

使用方法:按照主要的三种类型:白度、黑度和色度,将样品分为三组。然后从白度占主导地位的组开始,选出接近白色的颜色。在文本"朝向白色"旁边的方框中安装此示例。根据增加的色度和增加的黑度来安排对应颜色的样品。黑度占主导地位的群体应该从近的黑色样品中排列,以增加色度和增加白度。安排颜色,从色的样品,以增加白度和增加黑度。

(6)色彩描述与交流练习(图5-45),主要训练运用NCS色彩编号的能力,借助NCS色彩圆环和色彩三角描述颜色的能力。

图5-44　色彩三角练习　　　　图5-45　色彩描述与交流练习

使用方法:按照主要的三种类型:白度、黑度和色度,将样品分为三组。然后从白度占主导地位的组开始,选出接近白色的颜色。在文本"朝向白色"旁边的方框中安装此示例。根据增加的色度和增加的黑度来安排对应颜色的样品。黑度占主导地位的群体应该从近的黑色样品中排列,以增加色度和增加白度。

(7)色彩区域练习(图5-46),主要训练我们判断颜色色相、黑度、白度及彩度的能力,并将不同颜色有序排列。

图5-46　色彩区域练习

使用方法:根据不同颜色区域中的主要和次要属性来排列,一部分位于颜色三角形中所示的不同细微差别的区域,另一部分位于颜色圆中所示的不同颜色的区域。在这表中,色彩被划分为 56 个特征区域,根据主要属性将颜色样本分为 4 组(白度、色度、黑度和没有明显主要属性的颜色样本),以白度为主要属性的颜色,应根据主控子属性、白度为 1 的黑度、白度为 2 的色度,分别放置在 1 号或 2 号亮度区;以色度为主要属性的样品,应根据主控子属性、白度或黑度,放置在细度区域 3 或 4;以黑度为主要属性的样品,应根据主控子属性、色度或白度,放置在细度区域 5 或 6;没有明显主要属性的颜色样本应放置在 0 号细微区域。

(8)色彩程度和相似性关系练习(图 5-47),包括 4 项内容,分别训练识别颜色白度相似性、黑度相似性、彩度相似性、色相相似性的能力。

使用方法:通过视觉插值确定颜色,找到接近的 NCS 彩色样品在 NCS ATLAS 或任何其他完整的 NCS 彩色样品收集。通过对颜色样本进行插值来确定每个颜色样本的精确 NCS 的符号。在颜色三角形和颜色圈中放置点来表示颜色。在塑料袋内的标签上找到每个颜色样本的精确的 NCS 符号。

(9)亮度相似性练习(图 5-48),主要训练判断各种颜色的明度的能力。

使用方法:将白色到黑色明度变化的色块依次排列到图中的左列,然后随机选择 8 个彩色样品,分析判断他们的亮度,将它们按左侧对应的亮度依次排列。重复选择不同样品进行练习。

图 5-47 色彩相似性练习　　图 5-48 亮度相似性练习

## 四、学习记录与评价

### 1. 理论知识记录

(1)物体颜色的产生必须具备的三个基本条件是_____、_____、_____。

(2)同一人在不同的光源下观察同一个物体,他看到的颜色会_____,这是因为_____;不同的观察者在同一光源下观察同一个物体,他们看到的颜色会_____,这是因为_____。

(3) 颜色的三个属性指的是_____、_____、_____。它们的含义是_____。

(4) 色光的三原色是_____、_____、_____,加色混合主要应用在_____。颜料三原色是_____、_____、_____,减色混合主要应用在_____。

(5) 使鲜艳的颜色变浑浊的方法有_____。

### 2. 实操数据记录

请根据提供的目标板和配方板(试色板),进行色板比对、色差分析,完成表 5-3(纯色漆填写)和表 5-4(金属漆填写)中的相关内容。

**纯色漆颜色比对**　　　　　　　　　　　表 5-3

| 实训项目 | 颜色比对 |
|---|---|
| 物料准备 | |
| 目标板比配方板 | |
| 色相 | 更红□ 更黄□ 更蓝□ 更绿□ 更紫□ 更橙□ 无明显差异□ |
| 明度 | 更深□ 更浅□ 无明显差异□ |
| 彩度 | 更鲜艳□ 更浑浊□ 无明显差异□ |

**金属漆颜色比对**　　　　　　　　　　　表 5-4

| 实训项目 | 颜色比对 | | |
|---|---|---|---|
| 物料准备 | | | |
| 目标板比配方板 | | | |
| | 正面观察 | | 侧面观察 |
| 色相 | 更红□ 更黄□ 更蓝□ 更绿□ 更紫□ 更橙□ 无明显差异□ | 色相 | 更红□ 更黄□ 更蓝□ 更绿□ 更紫□ 更橙□ 无明显差异□ |
| 明度 | 更深□ 更浅□ 无明显差异□ | 明度 | 更深□ 更浅□ 无明显差异□ |
| 彩度 | 更鲜艳□ 更浑浊□ 无明显差异□ | 彩度 | 更鲜艳□ 更浑浊□ 无明显差异□ |
| 颗粒 | 更粗□ 更细□ 无明显差异□ 更多□ 更少□ 无明显差异□ | 颗粒 | 更粗□ 更细□ 无明显差异□ 更多□ 更少□ 无明显差异□ |

## 3. 评价

(1) 自我评价。请根据自己对本节专业知识掌握情况,完成表 5-5 中的相关内容。

自 我 评 价 表　　　　　　　表 5-5

| 评价内容 | 完全掌握 | 部分掌握 | 少部分掌握 |
| --- | --- | --- | --- |
| 理论知识 | | | |
| 色板比对 | | | |
| 色差分析 | | | |
| 色差结果记录 | | | |

(2) 小组评价。请组长根据组员表现,完成表 5-6 中的相关内容。

小 组 评 价 表　　　　　　　表 5-6

| 序号 | 评 价 项 目 | 评价情况(优秀/合格/不合格) | 备注(填写不合格原因) |
| --- | --- | --- | --- |
| 1 | 着装符合要求 | | |
| 2 | 能合理规范地使用仪器和设备 | | |
| 3 | 能按照安全和规范的流程操作 | | |
| 4 | 遵守学习、实训场地的规章制度 | | |
| 5 | 能保持学习、实训场地整洁 | | |
| 6 | 团结协作情况 | | |

参与评价的同学签名:_____　时间:_____

(3) 教师评价与建议(针对学生学习记录完成情况、实训情况、学习态度等进行评价):

_____

_____

教师签名:_____　时间:_____

## 五、技能考核标准

本考核项目需独立完成,主要检验学员色板比对、色差分析、色差结果记录

汽车调色技术

等技能的掌握情况，表 5-7 为技能考核标准表。

**颜色比对技能考核标准表** 表 5-7

| 班级 | | 姓名 | 考核日期 | | |
|---|---|---|---|---|---|
| 考核说明 | 1. 每人独立完成素色颜色和金属颜色比对，并正确填写考核记录表；<br>2. 在 20min 内完成颜色比对操作，评判每步的正确性及规范性。 | | | | |
| 评分项 | 得分条件 | | | 配分 | 得分 |
| 色板比对 | 选用合适大小的颜色样板（样板面积过小扣 2 分） | | | 2 | |
| | 选用样板颜色制作方法正确（制作的试板不能准确反映真实颜色扣 2 分） | | | 2 | |
| | 选用合适的光源（自然光和灯箱，缺一种扣 5 分） | | | 10 | |
| | 选择合适的比对环境（在鲜艳彩色或明显反光处比对扣 2 分） | | | 2 | |
| | 正确地比对角度（正视、侧视角度，每次角度不对扣 2 分） | | | 10 | |
| | 合适地比对距离（距离太近或太远扣 2 分） | | | 2 | |
| 色差分析 | 正确的色调判断（每判断错误一项扣 5 分） | | | 15 | |
| | 正确的明度判断（每判断错误一项扣 5 分） | | | 15 | |
| | 正确的彩度判断（每判断错误一项扣 5 分） | | | 15 | |
| | 正确的颜料颗粒效果判断（每判断错误一项扣 5 分） | | | 10 | |
| | 正确的色差分析记录（记录不完整或不规范扣 1 分/处） | | | 2 | |
| 安全防护 | 正确地进行安全防护（防护服、护目镜、手套、活性炭面罩、安全鞋等，漏戴或错戴扣 1 分/次） | | | 6 | |
| 现场7S | 7S（操作区域的整理、清洁、废弃物处置，每项未做扣 3 分，未做好扣 1~3 分） | | | 9 | |
| 总分 | | | | 100 | |

128

# 学习任务六　微调颜色

> **学习目标**

☆ **知识目标**

1. 了解汽车水性漆的基本常识(初级技能);
2. 掌握人工微调的一般方法(初、中级技能);
3. 掌握人工微调时的注意事项(初、中级技能)。

☆ **技能目标**

1. 能正确地使用和维护各种比色工具及设备(初、中级技能);
2. 能正确地进行配方分析(初、中级技能);
3. 能熟练地使用颜色资料分析色母(初、中级技能);
4. 能准确地进行色母估量和添加(初、中级技能);
5. 能规范地进行样板喷涂及比对(初、中级技能)。

> **建议课时**

6～12课时。

> **任务描述**

根据配方调配出来的涂料,经过喷涂样板、比对颜色后,发现与目标色有比较明显的差异,现在需要对涂料颜色进行微调,以达到能过渡喷涂或直接喷涂使用的要求。

## 一、理论知识准备

### (一)汽车水性漆的基本常识

#### 1.汽车水性漆的组成

汽车水性漆也是由树脂、颜料、溶剂和各种添加剂等成分制成的。与一般溶剂型涂料不同,它是以去离子水作为主要稀释剂,其挥发性有机化合物(简称VOCs)含量低,是目前最为环保的汽车修补漆产品之一。

目前,水性汽车修补底色漆使用的树脂主要有丙烯酸和聚氨酯两类,但是不

汽车调色技术

同公司采用的技术不同,其生产出来的涂料在储存、调配、喷涂方法上也会有所不同。在调色时,要根据各品牌水性涂料的技术特点规范使用。

### 2. 汽车水性漆的特点

水性漆的优势不仅仅在环保方面,经过研发人员的不断改进,现在的水性汽车修补漆产品性能突出,在很多方面已经达到甚至超过传统溶剂型产品,具体表现见表6-1。

汽车水性漆的特点　　　　　　表6-1

| 性能指标 | 性 能 特 点 |
|---|---|
| 环保性 | 刺激性气味小,VOCs排放降低60%~80%,对环境污染小,符合当今环保法律法规要求;能明显改善工作环境,减少对施工人员的危害 |
| 安全性 | 不易燃易爆,无火灾隐患。运输、储存、废弃物处置成本低 |
| 适应性 | 可用于油性漆、水性漆或其他底材表面,无重涂渗色、咬底等不良反应 |
| 施工性 | 施工方法简单,容易实现溶剂型涂料涂装到水性涂料涂装的转换,与车间标准修补设备基本兼容 |
| 颜色效果 | 颜色鲜艳、稳定性好、遮盖力强、涂膜流平性好、表面光滑。修补区域不易出现黑圈、发花等现象 |
| 修补性能 | 驳口容易、效果好、节省涂料、节省工作时间、提高生产效率 |
| 涂膜质量 | 外观光滑平整,涂膜牢固度和耐久度好 |

### 3. 汽车水性漆的储存

水性漆对温度比较敏感,温度过低与过高都不利于长期储存和使用,所以水性漆储存适宜温度在5~35℃之间。

水性漆中含水,容易使传统油漆喷涂设备产生腐蚀,而且油漆本身易受3价离子(如$Fe^{3+}$)的影响,使油漆的流变特性发生变化。因此,所有接触和储存水性漆的工具、设备和材料需要具有防水性。

在温度适宜的环境中,未开封的水性涂料可以储存3~5年,调配好颜色但未加入稀释剂的水性底色漆在密封状态下可以保存6~12个月,加入稀释剂后的混合涂料保存时间根据各品牌涂料技术特点差异较大,有的只能存放1周左右,有的能存放3~6个月。

#### 4. 汽车水性漆调色时的注意事项

根据水性漆与溶剂型涂料的不同,水性漆在调色时还需要特别注意以下几点:

(1)水性漆制作颜色样板时建议采用喷涂的方法,不建议采用直接观察涂料或涂抹色块的方法来比对颜色。

(2)水性漆颜色样板的喷涂,必须严格按照涂料厂家建议的方法施工。

(3)颜色样板可以选择喷涂过环氧底漆的铁板,或喷过中涂底漆的铝板,或是防水纸板,但同时必须选择合适的灰度。

(4)水性底色漆喷涂完后,必须保证每层充分闪干,不能有残留水汽,才能喷涂清漆。

### (二)人工微调的一般方法

#### 1. 加量法调色和减量法调色

调色时,通过增加或减少色母的量都可以达到调色的目的。一般对于增加所缺色母的数量而进行颜色调整的方法,称为加量法调色;对于减掉配方中的一种色母或几种色母的数量而达到颜色调整的方法,称为减量法调色。当配方板比目标板更浅、更艳时,采用加量法可以较快地将明度变暗,让彩度变浑浊。当配方板颜色比目标板颜色更深、更浊时,使用减量法调色可以让颜色更干净,且减少了色母的浪费。对于已经调配出的涂料,主要考虑采用加量法进行微调;对于还未调配出的较深、较浊涂料,可考虑采用减量法进行微调。

如在实际工作中,找到的最接近色卡(配方颜色板)在色相、彩度上虽然与目标颜色基本一致,但明度稍暗(图6-1)。此时,如果直接按配方先把涂料调配出来,然后再进行颜色微调的话,就需要加入大量的白色色母来提高其亮度。而如果在配方分析时,能把黑色色母进行预估减少,在计量调色时按减少后的配方进行调配(表6-2),提前使明度与目标板一致或者稍浅,这样后续的微调就会简单许多,同时也减少了色母的用量。

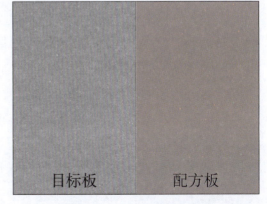

图6-1 明度不同的色板

颜色配方表　　　　　　　　　　　　　表6-2

| 目标板与配方板比 | | | |
|---|---|---|---|
| 色相:基本一致　　明度:偏亮　　彩度:基本一致 | | | |
| 配方 | 净质量(g) | 调整量(g) | 调整后的配方(g) |
| 白色色母 | 889.1 | | 889.1 |
| 黑色色母 | 67.7 | −13.5 | 54.2 |
| 蓝色色母 | 31.9 | | 31.9 |
| 黄色色母 | 11.2 | | 11.2 |

2. 颜色属性的调整

不管是加量法调色还是减量法调色,都是通过调整颜色的属性来调整颜色效果的。一般来说,根据所选配方调配出来的涂料,与目标颜色比较接近,它们之间的主要差异可能在明度或色调上,在微调时可以按照以下方法进行分析调整。

(1)明度调整。明度可以往亮、暗两个方向进行调整,当配方板颜色比目标板颜色深时,若采用加量法调色,可以通过添加白色(主要用于素色漆中)、银色(主要用于金属漆中)、白珍珠(主要用于珍珠漆中)或其他浅色色母使颜色变浅;若采用减量法调色,可以通过减少配方中的黑色或深色色母使颜色变浅。当配方板颜色比目标板颜色浅时,则主要采用加量法调色,通过添加黑色或其他深色色母使颜色变深。

(2)色调调整。每个颜色的色调可以往相邻的色调方向调整(图6-2),首先确定目标板的颜色相对于配方板颜色偏向什么色调,然后再分析增加或减少配方中的哪个色母能使颜色色相偏向目标板颜色。每种彩色的色调可以向两个方向调整,如红色可以向橙色或紫色方向调整;黄色可以向橙或绿色方向调整;蓝色可以向紫色或绿色方向调整等。非彩色的色调可以向任何方向调整,如在白色涂料中,加入红色变粉、加入黄色变黄、加入蓝色变蓝、加入绿色变绿等。

调整颜色色调时,有时可能需要增加或减少多个色母才能达到要求,在不确定的情况下,一般建议每次只调整一个色母,确保色调走向正确。如调橙色不够红时,可以加橙红或大红色母,也可以减少配方中的橙色、黄色色母;调紫色不够蓝时,可以加入蓝紫色或深蓝色,也可以减少配方中的红色色母;调绿色不够黄时,可以加入黄色,也可以减少配方中的绿色或蓝色色母。

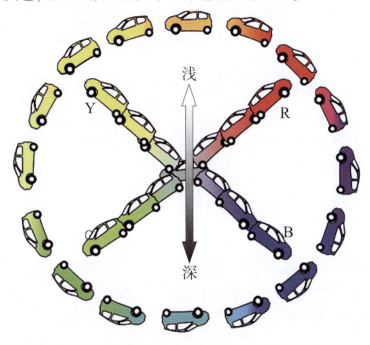

图 6-2　色相环

(3)彩度调整。彩度可以往浑浊、鲜艳两个方向调整,当配方板颜色比目标板颜色鲜艳时,可以加入少量消色(如黑色、白色、银粉、白珍珠等)或互补色使颜色变浑浊,也可以减少配方中颜色鲜艳的色母来降低其彩度;当配方板颜色比目标板颜色浑浊时,可以减少配方中的消色或互补色来提高其彩度,也可以根据浑浊程度加入适量的鲜艳色母来使颜色变鲜艳。

**注意**:增加或减少任何一个色母都会引起颜色两个甚至三个属性方面的变化,所以在选择微调色母时,需要进行综合考虑和分析。

### 3. 颜料颗粒的调整

对于金属漆和珍珠漆在调色时,还需要注意银粉或珍珠颗粒的大小及闪烁感。当颗粒大小及闪烁感有明显差异时,还需要调整其颗粒效果。调整颜料颗粒效果的方法主要有。

(1)通过不同种类的银粉或珍珠颗粒来调整。如往涂料中加入粗银、细银、闪银可使颗粒变粗、变细、变闪,用粗银、细银、闪银代替原配方中的不同银粉色母,也可以达到同样的效果。

(2)通过增加或减少效果控制剂来调整。加入效果控制剂可使银粉变闪(但同时也会使颜色明度发生变化,正面变深、侧面变浅变亮),减少效果控制剂可使银粉闪烁效果减弱。

(3)通过增加或减少素色色母来调整。如等比例增加配方中的素色色母,可使银粉变细,等比例减少素色色母,可使银粉变粗。加入白色色母,也可使银粉变细(但同时正面变浊、侧面变亮)。

注意:在调整颜料颗粒效果的同时,增减控色剂或白色色母、增减不同种类的银粉色母都会对颜色的正侧面明度产生影响。在实际调色时需要同时考虑正侧面的颜色属性和颜料颗粒效果,只有当颜色属性和颜料颗粒效果都比较接近时,这个颜色才是准确的。

### (三)人工微调时的注意事项

颜色微调是一个正确比对、认真分析、综合考虑、不断试验的过程。在工作中,我们需要把握以下注意事项,才能更高效、更顺利地完成任务。

(1)选择正确的颜色配方。由于自然老化或重涂的原因,汽车表面的油漆颜色可能会出现一定程度的变化,所以根据颜色代码查询到的配方不一定最接近目标颜色。在确定配方前,一定要将比色部位清洁干净或进行抛光处理,再用配方色卡与目标颜色进行比对,同时也要将相邻的色卡(差异色色卡)与目标颜色进行比对,找出其中最接近的色卡配方作为颜色配方。当所有色卡都有差异时,可以选择色相接近、明度较亮、彩度鲜艳的色卡配方作为微调配方来使用(图6-3)。

图6-3 色卡比对

(2)保证色母的统一稳定。调配颜色的色母必须采用配方中指定的色母,不能混用不同公司、不同型号的色母。新色母使用前必须用振荡器振荡均匀或者用搅拌尺搅拌均匀才能上架使用。所有色母必须每天搅拌两次,每次15min左右。每次调色前再搅拌至少5min。开封后的色母必须确保密封好,防止溶剂挥发,色母变浓,影响调色精度。

注意:某些采用防沉淀技术的水性漆色母,使用前只要轻轻摇晃几下即可,使用振荡器振荡或大力搅拌反而会破坏其特性。

(3)准确称量色母。调漆用电子秤精度较高,使用时要注意放平,避免振动和气流扰动,要定期对精度进行检查和校正。每次调配的配方量不能小于

100ml,称量时用每个色母的净质量,每个色母都要精确到0.1g。倒出色母时应从调漆杯的中央加入,防止色母黏附在杯壁影响调色的准确性(图6-4)。

(4)规范喷涂颜色样板。颜色样板必须采用与实车一样的施工方法,要按照涂料厂家的技术说明,选用合适的灰度板、合适型号的喷枪,按照建议的层数及膜厚效果施工,同时也要保证底色漆及清漆的最终质量。喷涂方法对颜色影响极大,只有规范和统一所有施工人员的操作,才能保证颜色的一致性(图6-5)。

图6-4 称量色母　　　　图6-5 喷涂样板

(5)正确进行颜色比对。比色时的光线要符合要求,在自然光不足时可使用D65光源,同时也需要在其他光源下进行检查,防止同色异谱。比色时不要穿鲜艳颜色的衣服或戴有色眼镜,周围也不要有鲜艳的彩色。比色时两块色板要平放一起,中间不留间隙。比色时要仔细分辨颜色色相、明度、彩度的差异,金属漆、珍珠漆还要从正面、侧面两个角度进行观察,并判断颗粒大小、闪烁感等情况(图6-6)。

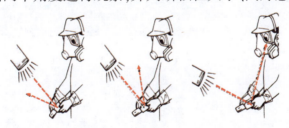

图6-6 颜色比对

(6)正确进行颜色和配方分析。能正确理解颜色三个属性的意思,能正确辨别不同颜色之间的差异。能借助色母挂图、色母特性表、色轮图、色母卡、调色指南等颜色资料,快速准确地掌握每个色母的基本特性及相近颜色色母的细微区别。能正确地分析出每个色母的增减对涂料颜色的影响。

(7)准确判断及添加所缺色母。根据颜色主要差异,判断出要添加的色母及数量(主要考虑配方中的色母,防止同色异谱)。当不确定时,可以先用少量涂料，一次只加一个色母，一点点试加。每添加一次，喷涂一块颜色样板。当少量的涂料颜色与目标颜色基本一致后，记下色母添加量，然后根据比例算出最终颜色配方。

（8）整理颜色样板，形成颜色库。颜色微调结束后，应该把每次试验形成的颜色配方张贴于相应的颜色样板背面（图6-7）。通过不断收集整理，就可以形成丰富的颜色样板库。对于实际维修的车辆，还可以将车辆相关信息等录入配方纸上面或颜色软件中（图6-8），当车辆再次需要调色时，就可以使用自制的配方，减少微调环节，提高工作效率。

配方登记板

修补车辆信息

修补车型________ 修补部位________

色号________ 颜色名称________

枪压________ 出漆量________

喷涂层数________ 底漆颜色________

车辆生产年月________ 登记日期________

工艺类型 □纯色 □金属色 □三工序珍珠色

配方准确性 □全车喷 □驳口 □过渡喷涂

配方明细

| 色母编号 | 实加重量（单位：克） |
| --- | --- |
| | |
| | |
| | |
| | |
| | |

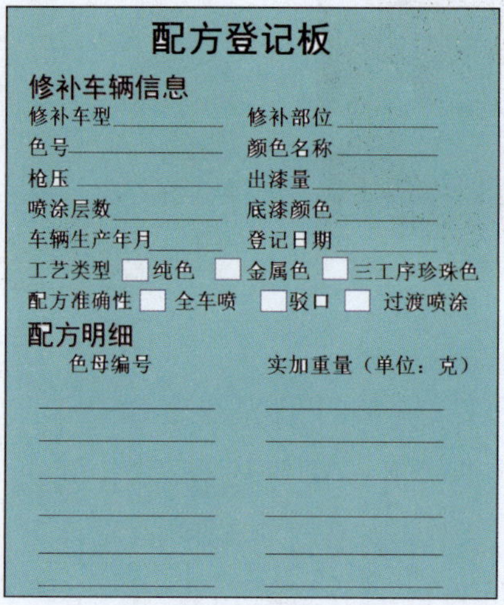

图6-7　配方登记板

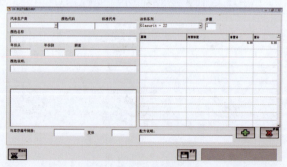

图6-8　自主开发颜色录入界面

## 二、任务实施

### （一）作业前的准备

#### 1. 主要工具、设备、材料的准备

微调颜色需要用到的工具、设备及颜色资料包括：电子秤、喷枪、喷漆柜、喷

房、搅拌尺、比色灯箱、样板烘箱、调漆杯、颜色配方、色母挂图等。

色母挂图是涂料厂家为帮助调色提供的一种颜色资料,不同涂料厂家制作的挂图样式有所不同,但一般包含色轮图、色母表、调色指南等信息。图6-9所示为某品牌水性漆色母挂图的样式。

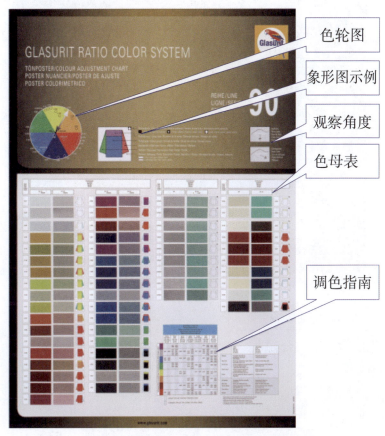

图6-9 色母挂图

(1) 色轮图。色母挂图上的色轮图是按照色母颜色的三个属性,在色轮图上进行颜色定位后形成的简单图示(图6-10)。通过查看色母在色轮图上的位置,可以看出这个色母的主色调、颜色偏向、彩度等信息。如果对比两个不同位置的色母,可以判断出这两个色母在色相、彩度及明度上的大致差异。如通过图6-10所示的A105和A177两个色母所在位置,我们可以看出A105主色调是黄色,色相偏橙、彩度较浑浊;A177色母主色调也是黄色,但色相偏绿、彩度较鲜艳等。

(2) 色母表。色母表是把常用的色母(包括素色色母、金属色母、珍珠色母等)按一定规律设计后的展示(图6-11),一般包括色母编号、混合了不同比例其他色母的说明、色母象形图(色母象形图所代表的含义可以参考图6-12)等内容。通过此表,调色人员可以直观地看到色母本身的颜色,看到混合了银粉色母或其

137

汽车调色技术

他色母后的颜色变化效果,看到每个色母主色调、颜色偏向、正侧面颜色偏向、颗粒大小、彩度等信息。

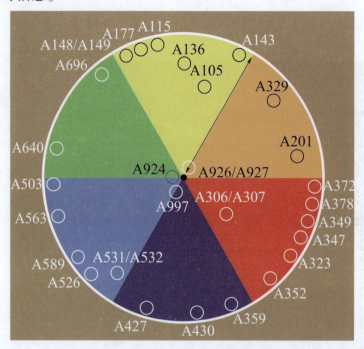

图 6-10　色轮图

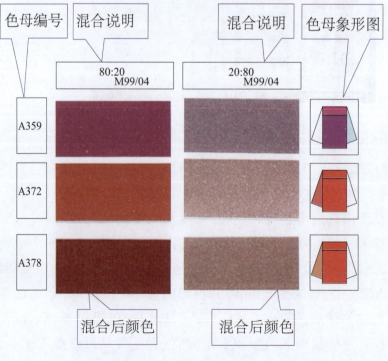

图 6-11　色母表(部分)

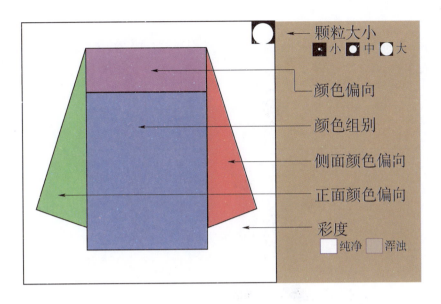

图 6-12　色母象形图说明

（3）调色指南。调色指南是针对不同颜色调整给的调色建议（图 6-13）。通过调色指南，可以帮助我们快速地选择微调色母。例如，要将紫色调整得更蓝一些，可以添加 A531 或 A589 色母。

| 微调方向 | | | 更紫些 | 较蓝些 | 较绿些 | 较黄些 | 更多橙色 | 较红些 | 更深暗 |
|---|---|---|---|---|---|---|---|---|---|
| 颜色组群 | | 紫色 | | A531<br>A589 | A531<br>A589 | | | A352 | A352<br>A359 | A427<br>A430 | A359<br>A430 |
| | | 银色 | A427 | A359 | A503<br>A531<br>A589<br>A563 | A503<br>A531<br>A589<br>A563 | A696 | A640 | A105<br>A136<br>A148<br>A329 | A372 | A201 | A347<br>A352<br>A378 | A306<br>A347<br>A378<br>A352 | A926<br>A997 | A926<br>A997 |
| | | 蓝色 | A427<br>A430 | A359<br>A430 | | | A696 | A640 | A105<br>A136<br>A148<br>A329 | | A347 | A306<br>A347 | A503<br>A531<br>A589<br>A563 | A503<br>A531<br>A589<br>A563 |
| | | 绿色 | | | A503<br>A589<br>A563 | A503<br>A589<br>A563 | | | A115<br>A136<br>A143 | A105<br>A115<br>A148 | A329 | A306<br>A335 | | | A696 | A640 |
| | | 黄色 | | | | | A696<br>A115 | A640<br>A115 | | | A372 | A201 | A372 | A306<br>A323 | A136<br>A143 | A143 |
| | 正面观察 | 橙色 | | | | | | | A136<br>A143 | A105<br>A143 | | | A347<br>A352<br>A378 | A323<br>A347<br>A352<br>A378 | A372 | A201<br>A306 |
| | 侧面观察 | 棕红色 | | | | | A696 | A640 | A136<br>A143<br>A329 | M105<br>A143<br>A335<br>A148 | A372 | A201<br>A306 | A347 | A347<br>A323 | A926<br>A997 | A926<br>A997 |
| | | 红色 | A430 | A353<br>A430 | | | | | A136<br>A143<br>A329 | A105<br>A143<br>A329 | A378<br>A372 | A201<br>A378 | | | A347<br>A352 | A347<br>A352 |

图 6-13　调色指南

## 2. 个人安全防护的准备

微调颜色时会接触到涂料、溶剂等,操作前,需要做好个人安全防护准备工作(图6-14)。

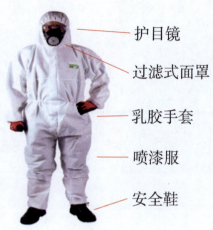

护目镜
过滤式面罩
乳胶手套
喷漆服
安全鞋

图6-14 微调颜色时的防护

## (二)配方分析

通过上一任务比对颜色,确定了目标板和配方板的颜色差异后,就可以对颜色配方进行分析了。分析时,可以采用以下方法。

(1)查看配方组成,了解配方中各色母的名称及其特性。如颜色代码为DNY的NISSAN汽车颜色配方,通过查询配方里面所显示的色母品牌颜色资料,获得各色母的名称及其特性(表6-3)。

配方分析(色母名称及特性)　　　　表6-3

| 色母代号 | 净质量(g) | 色母名称 | 色母颜色偏向 | 正侧面颜色 | 其他特性说明 |
|---|---|---|---|---|---|
| M4 | 588.8 | 水性底色漆树脂 | 透明 | 透明 | 只对涂料黏度有影响 |
| A143 | 12.8 | 橙黄 | 红相黄 | 红相黄 | 最红相的黄 |
| A563 | 51.4 | 正蓝 | 绿相蓝色 | 蓝色 | 与A503比,侧面红相且更鲜艳 |
| A307 | 61.4 | 微调铁红 | 棕色 | 棕色且脏 | 低浓度铁红,色相同A306 |
| A035 | 125.6 | 雪白 | 白色 | 白色 | 高浓度白 |
| A640 | 160.0 | 蓝绿 | 蓝相绿色 | 蓝相绿色 | 偏蓝相的绿 |

当长期接触一个品牌的色母涂料后,如果能记住这些色母的名称及其特性,可以帮助我们更快更好地对配方进行分析。

(2)根据色母特性,分析每个色母增减后的颜色变化。在了解了每个色母的特性后,可以从理论上先初步分析每个色母增加或减少对颜色的主要影响,排除一些对颜色没有影响或与目标板颜色相悖的色母,缩小微调色母选择的范围。表6-4是以图6-15中所示两块颜色样板为例(目标板偏绿、偏暗),采用增加色母的方法进行理论分析的过程。

配方分析(色母变化对颜色的影响)　　　　表6-4

| 色母代号 | 净质量(g) | 色母名称 | 增加对颜色的主要影响 | 结　　论 |
|---|---|---|---|---|
| M4 | 588.8 | 水性底色漆树脂 | 透明,无影响 | 无影响,排除 |
| A143 | 12.8 | 橙黄 | 色相变绿,明度变亮 | 与目标相悖,排除 |
| A563 | 51.4 | 正蓝 | 色相变蓝,明度变暗 | 与目标相悖,排除 |
| A307 | 61.4 | 微调铁红 | 色相变紫,彩度变浑浊 | 与目标相悖,排除 |
| A035 | 125.6 | 雪白 | 明度变亮,彩度变浑浊 | 与目标相悖,排除 |
| A640 | 160.0 | 蓝绿 | 色相变绿,明度变暗 | 与目标一致 |

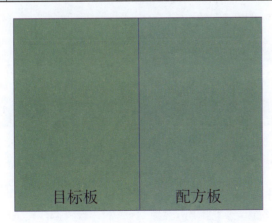

图6-15　颜色样板

### (三)色母分析

当配方分析完后,基本可以确定要添加的色母了。但有时一个配方里面会有几个颜色比较接近的色母,在配方分析时,发现颜色主要变化基本一致的情况

(表6-5),这种情形下单看色母特性,会无法得到直观感受,而直接看色母的实际颜色,也很难区分其中的细微差别(如某些深色色母)。但是通过借助色母挂图、色母特性表、色母卡等颜色资料,我们可以找出不同色母之间的主要差异和细微差异,从而为选择最终的微调色母提供帮助。

**配方分析**(色母特性及对颜色的影响)　　　　表6-5

| 色母代号 | 净质量(g) | 色母名称 | 色 母 特 性 | 增加对颜色的主要影响 |
| --- | --- | --- | --- | --- |
| M4 | 63.8 | 水性底色漆树脂 | 透明 | 透明,无影响 |
| M99/01 | 7.4 | 特细银 | 灰色,正面闪亮,侧面深灰,颗粒比M99/02粗 | 明度变亮,彩度变浑浊 |
| M99/02 | 11.9 | 细银 | 灰色 | 明度变亮,彩度变浑浊 |
| A503 | 3.0 | 绿相酞蓝 | 绿相蓝色,正侧面绿相蓝色,最绿相的蓝 | 色相变蓝,明度变暗 |
| A563 | 17.0 | 正蓝 | 绿相蓝色,正侧面蓝色,与A503相比,侧面红相且更鲜艳 | 色相变蓝,明度变暗 |
| M1 | 0.8 | 效果控制剂 | 乳白透明,提供更粗的外观 | 不改变色相,正面变暗,侧面变浅 |

　　下面以表6-5中的色母为例,说明如何借助色母挂图等工具对颜色比较接近的色母进行分析。如A563和A503两个色母,在分析配方时,它们加到配方里面的主要颜色变化都是色相变蓝,明度变暗,好像没有区别。但是通过查看色母挂图,发现这两个色母在色轮上的位置并不一样(图6-16),A563色母在色轮图蓝色区域靠近中间外圈的位置,说明这个色母是彩度比较鲜艳的正蓝色;而A503色母虽然也在色环图蓝色区域靠近外圈的位置,但是它又比较靠近绿色,说明这是偏绿相的蓝色。然后,再查看这两个色母按不同比例混合银粉后的效果及象形图(图6-17),发现A563蓝色偏紫、偏暗、偏鲜艳,而A503蓝色偏绿、偏亮、偏浑浊。

## 学习任务六 微调颜色

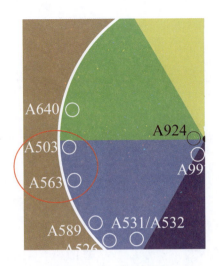

图 6-16 色轮图

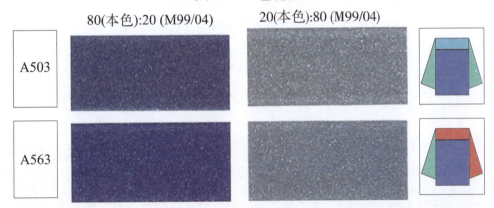

图 6-17 A503 和 A563 色母

同理，M99/01 和 M99/02 两个色母，虽然配方分析时主要颜色变化也是一样的，但是通过查看色母挂图（图 6-18），我们可以清楚地看出 M99/01 色母颜色更暗，颗粒更粗更闪烁；而 M99/02 色母颜色较亮，颗粒较细且不闪烁。

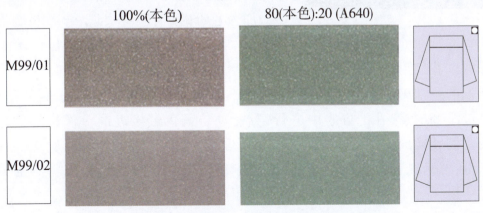

图 6-18 M99/01 和 M99/02 色母

**注意**：颜色微调时，有时需要添加几个色母才能把颜色微调成功，但是我们在分析和添加色母时，每次可以只针对颜色的最主要差异，判断出首先需要添加的色母，然后一个个色母逐步分析逐步试加即可。一次加入几种色母，易导致颜色走向把握不准。

### (四) 色母添加

确定好要微调的色母后，下一步需要考虑的是要增加或减少的量（在工作中，以加量调色法居多，下面将以加量调色法为主进行介绍）。在增加色母时，一次加入太多，容易造成过量，使颜色难以调整回来，严重的会造成涂料浪费。而每次加入太少，颜色变化不大，造成工作效率低下。有经验的技师一般建议分成2~3次添加，第一次添加时，主要目的是检验所选择的微调色母是否正确，所以添加量不宜太大，这个量可以根据涂料颜色深浅、所加色母着色力大小、色板颜色差异大小等进行综合考虑预估。当估量经验不足时，也可以按色母在涂料中的净质量的10%~20%进行试添加。第一次添加并喷板比对后，如果颜色走向是正确的，说明色母选择正确，就可以进行第二次添加了。如果颜色走向不对，说明色母选择错误，就需要重新分析配方了。

第二次添加时，主要目的是将颜色微调一致。我们可以将配方板、试验板、目标板依次摆放（图6-19），然后通过查看试验板与配方板、目标板的颜色差异程度，以及在第一次添加量的基础上来分析估算第二次的量。

图6-19 色板比对

通过两次添加，颜色基本接近，如果还有色差，可以重复第二次估算量的方法进行第三次添加，直至基本看不出色差即可。

加入色母时，为避免失误，导致整个涂料浪费，一般建议不要直接往调配出的涂料罐中添加。我们可以采用每次只倒出一小杯调配好的色漆（能够喷涂一个颜色样板的量即可，约30~50g），然后往小杯里面添加色母的方法来微调。每次色母添加的量，在配方表中进行记载，并将颜色最接近的一次试加的色母量按比例转换成最终配方。表6-6所示是我们将150g调配好的配方涂料分成三份，然后试验三次的记录，并按第三次试验结果按比例换算得到的最终配方结果。

## 学习任务六 微调颜色

**色母添加记录表** 表6-6

| 序号 | 色母代号 | 净质量(150g) | 试验配方1(50g) | 试验配方2(50g) | 试验配方3(50g) | 最终配方(150g) |
|---|---|---|---|---|---|---|
| 1 | M4 | 88.3 | | | | 88.3 |
| 2 | A143 | 1.9 | | | | 1.9 |
| 3 | A563 | 7.7 | | | | 7.7 |
| 4 | A307 | 9.2 | | | | 9.2 |
| 5 | A035 | 18.8 | | | | 18.8 |
| 6 | A640 | 24.0 | +0.8 (24÷3×10%) | +1.6 (24÷3×20%) | +2.0 (24÷3×25%) | 30 (24+2×3) |

### (五)样板喷涂及比对

色母添加一般会进行几次,每次添加完色母后必须按照以下步骤进行规范操作:

(1)搅拌涂料。将添加了色母的涂料充分搅拌均匀,特别是对于少量添加的色母,如果没有混合均匀将对颜色效果和添加量估算产生极大的影响。

(2)调配涂料。根据涂料的性质及技术说明,按比例加入配套辅料,并搅拌均匀。不管调配多少,都必须严格按照比例进行调配。需要喷涂清漆的,也必须把清漆按要求调配好。

(3)喷涂样板。根据面漆颜色,选择合适灰度的样板,用除油剂清洁干净,然后按规范技术要求进行喷涂,保证颜色样板的最终质量(包括色漆质量和清漆质量)。喷涂方法、喷涂质量对最终颜色(特别是金属漆和珍珠漆)影响较大,我们要尽量避免喷涂因素对颜色带来的影响。

(4)干燥样板。涂料颜色湿时和干时的变化较大,样板喷涂完成后,必须烘烤干燥才能进行颜色比对。烘烤时注意温度,不要涂膜起泡和样板变形,否则都会影响比色。

(5)比对颜色。将新喷颜色样板与目标板、配方板进行比对。查看新喷样板颜色是否与目标板一致,如果颜色非常接近,则表示添加的色母选择是正确的,添加的量也是合适的。如果颜色还是有明显差异,那就先查看从配方板、新喷颜色样板到目标板的颜色走向是否正确,如果颜色走向是对的,那下一步还是继续

# 汽车调色技术

考虑添加量的问题即可;如果颜色走向不对,说明之前的分析及选择的色母有误,需要重新进行分析和添加。

微调颜色就是重复比对颜色、分析配方、添加色母、喷涂样板等操作步骤,直至将配方颜色调整至与目标颜色基本一致,能达到过渡喷涂甚至直接喷涂即可。

## 三、学习拓展

颜色微调工作中,最主要是能根据颜色属性准确辨别出不同颜色间的差异,能根据减色法颜色混合规律进行颜色混合理论分析。作为初学者,我们可以通过选择颜色比较接近的颜色样板,来加强颜色比色、混合的练习(表6-7)。

颜色比色混合练习示例　　　　　　表6-7

| 比对色板 | 比色混合分析 |
| --- | --- |
| 目标板　配方板 | 分析:本组两块色板表面看不到颜料颗粒,说明是纯色漆,且主色调同属于橙色系。参考色环图,橙色一边是偏红的橙,一边是偏黄的橙。这里目标板相对于配方板在色相上偏黄,明度上偏亮,彩度较浑浊。配方板橙色偏红、偏暗,彩度较鲜艳。<br>结论:在配方板中加入适量明黄色,可以让配方板变黄,且明度变亮,彩度变浑浊 |
| 目标板　配方板 | 分析:本组两块色板表面看不到颜料颗粒,说明是纯色漆,且主色调同属于黄色系。参考色环图,黄色一边是偏绿的黄,一边是偏橙的黄。这里目标板相对于配方板在色相上偏绿,明度上偏暗,彩度偏浊。配方板黄色较亮、较鲜艳。<br>结论:在配方板中加入少量蓝绿色,可以让配方板变绿,且明度变暗,彩度变浑浊 |

学习任务六 微调颜色

续上表

| 比对色板 | 比色混合分析 |
|---|---|
| 目标板　配方板 | 分析：本组两块色板表面能看到颜料颗粒，且颗粒较粗、颜色单一，说明是金属漆，且主色调同属于蓝色系。参考色环图，蓝色一边是偏紫的蓝，一边是偏绿的蓝。这里目标板相对于配方板在色相上正面偏紫、侧面偏紫；在明度上正面偏暗、侧面偏暗；在彩度上正面鲜艳、侧面鲜艳。配方板蓝色正侧面都偏绿色、偏亮、偏浑浊。<br>结论：在配方板中加入少量蓝紫色，可以让配方板变紫蓝，且明度变暗，彩度变鲜艳 |
| 目标板　配方板 | 分析：本组两块色板表面能看到颜料颗粒，且颗粒较细、颜色丰富，有闪烁感，说明是珍珠漆，且主色调同属于红色系。参考色环图，红色一边是偏紫的红，一边是偏橙的红。这里目标板相对于配方板在色相上正面偏紫、侧面偏紫；在明度上正面偏暗、侧面偏暗；在彩度上正面鲜艳、侧面鲜艳。配方板红色正侧面都偏橙色、偏亮、偏浑浊。<br>结论：在配方板中加入少量紫红色，可以让配方板变紫红，且明度变暗，彩度变鲜艳 |
| 目标板　配方板 | 分析：本组两块色板表面能看到颜料颗粒，且颗粒较细、颜色丰富，有闪烁感，说明是珍珠漆，其主色调可以看成是白色。白色可以往任何色相方向偏。这里目标板相对于配方板在色相上正面偏蓝、侧面偏蓝；在明度上正面偏暗、侧面偏暗；在彩度上正面浑浊、侧面浑浊。配方板白色正侧面都偏红色、偏亮。<br>结论：在配方板中加入少量黑色和蓝色，可以让配方板变蓝，明度变暗，彩度变浑浊 |

# 汽车调色技术

## 四、学习记录与评价

### 1. 理论知识记录

(1) 水性漆与溶剂型漆的最主要区别是＿＿＿＿＿＿＿＿＿＿＿＿＿＿＿＿＿，汽车水性漆的主要优点有＿＿＿＿＿＿＿＿＿＿＿＿＿＿＿＿＿＿＿＿＿＿＿＿＿＿。

(2) 加量法调色和减量法调色的最主要区别是＿＿＿＿＿＿＿＿＿＿＿＿＿＿＿＿＿＿＿＿＿＿＿＿＿＿＿＿＿＿＿＿＿＿＿＿＿＿＿＿＿＿＿＿＿＿＿＿。

(3) 颜色属性调整的一般顺序是＿＿＿＿、＿＿＿＿、＿＿＿＿。调整银粉颗粒效果的方法有＿＿＿＿＿＿＿＿＿＿＿＿＿＿＿＿＿＿＿＿＿＿＿＿＿＿＿＿。

(4) 通过色母表,可以查看到如下信息＿＿＿＿＿＿＿＿＿＿＿＿＿＿＿＿＿＿＿＿＿＿＿＿＿＿＿＿＿＿＿＿＿＿＿＿＿＿＿＿＿＿＿＿＿＿＿＿＿＿＿＿。

(5) 喷涂方法对颜色有较大影响,为保证试板与目标颜色尽可能的一致,在喷涂时需要注意＿＿＿＿＿＿＿＿＿＿＿＿＿＿＿＿＿＿＿＿＿＿＿＿＿＿＿＿＿＿＿＿＿＿＿＿＿＿＿＿＿＿＿＿＿＿＿＿＿＿＿＿＿＿＿＿＿。

### 2. 实操数据记录

(1) 请根据样板颜色差异,分析配方和微调颜色,将配方板调整至与目标板一致,并完成表6-8(纯色漆填写)或表6-9(金属漆填写)中的相关内容。

纯色漆微调记录表　　　　　　　　　　　　　表6-8

| 实训项目 | 微调颜色 | | | | | | | |
|---|---|---|---|---|---|---|---|---|
| 物料准备 | | | | | | | | |
| 目标板比配方板 | | | | | | | | |
| 色相 | 更红□　更黄□　更蓝□　更绿□　更紫□　更橙□　无明显差异□ | | | | | | | |
| 明度 | 更深□　更浅□　无明显差异□ | | | | | | | |
| 彩度 | 更鲜艳□　更浑浊□　无明显差异□ | | | | | | | |
| 色母代号 | 净含量 | 色母名称及特性 | 增加对颜色的主要影响 | 第一次试加 | 第二次试加 | 第三次试加 | 最终配方 |
| | | | | | | | |
| | | | | | | | |

## 学习任务六 微调颜色

**金属漆微调记录表**　　　　　　　　　　　　　　　表 6-9

| 实训项目 | 微调颜色 ||||||
|---|---|---|---|---|---|---|
| 物料准备 | ||||||
| 目标板比配方板 ||||||||
| | 正面观察 ||| 侧面观察 ||||

| | 正面观察 | | 侧面观察 | |
|---|---|---|---|---|
| 色相 | 更红□ 更黄□ 更蓝□ 更绿□<br>更紫□ 更橙□ 无明显差异□ | | 色相 | 更红□ 更黄□ 更蓝□ 更绿□<br>更紫□ 更橙□ 无明显差异□ |
| 明度 | 更深□ 更浅□ 无明显差异□ | | 明度 | 更深□ 更浅□ 无明显差异□ |
| 彩度 | 更鲜艳□ 更浑浊□ 无明显差异□ | | 彩度 | 更鲜艳□ 更浑浊□ 无明显差异□ |
| 颗粒 | 更粗□ 更细□ 无明显差异□<br>更多□ 更少□ 无明显差异□ | | 颗粒 | 更粗□ 更细□ 无明显差异□<br>更多□ 更少□ 无明显差异□ |

| 色母代号 | 净含量 | 色母名称及特性 | 增加对颜色的主要影响 | 第一次试加 | 第二次试加 | 第三次试加 | 最终配方 |
|---|---|---|---|---|---|---|---|
| | | | | | | | |
| | | | | | | | |
| | | | | | | | |

（2）请根据微调颜色喷涂样板时的涂料调配及喷涂方法，完成表 6-10 中的相关内容。

**涂料调配及喷涂数据记录表**　　　　　　　　　　　表 6-10

| 实训项目 | 微调颜色之喷涂样板 |||
|---|---|---|---|
| 物料准备 | ||||
| 涂料调配 | 底色漆和配套辅料型号及调配比例（体积比）： || 清漆和配套辅料型号及调配比例（体积比）： |
| 喷枪选用 | 底色漆喷枪型号及口径： || 清漆喷枪型号及口径： |
| 喷枪调整 | 喷幅： | 出漆量： | 气压： |
| 喷涂方法 | 距离： | 喷枪角度： | 喷幅重叠： |
| | 底色漆喷涂层数及每层目的和要点： || 清漆的喷涂层数及每层目的和要点： |

## 3. 评价

（1）自我评价。请根据自己对本节专业知识掌握情况，完成表6-11中的相关内容。

自我评价表　　　　　　　　　表6-11

| 评价内容 | 完全掌握 | 部分掌握 | 少部分掌握 |
| --- | --- | --- | --- |
| 理论知识 | | | |
| 配方分析方法 | | | |
| 色母分析方法 | | | |
| 色母添加方法 | | | |

（2）小组评价。请组长根据组员表现，完成表6-12中的相关内容。

小组评价表　　　　　　　　　表6-12

| 序号 | 评价项目 | 评价情况（优秀/合格/不合格） | 备注（填写不合格原因） |
| --- | --- | --- | --- |
| 1 | 着装符合要求 | | |
| 2 | 能合理规范地使用仪器和设备 | | |
| 3 | 能按照安全和规范的流程操作 | | |
| 4 | 遵守学习、实训场地的规章制度 | | |
| 5 | 能保持学习、实训场地整洁 | | |
| 6 | 团结协作情况 | | |

参与评价的同学签名：_____　　日期：_____

（3）教师评价与建议（针对学生学习记录完成情况、实训情况、学习态度等进行评价）：

_____

_____

教师签名：_____　　日期：_____

### 五、技能考核标准

本考核项目需独立完成，主要检验学员对配方分析、色母分析、色母估量添加及样板喷涂等技能的掌握情况，表6-13为技能考核标准表。

## 学习任务六 微调颜色

**微调颜色技能考核标准表**　　　　　　　　　　表 6-13

| 班级 | | 姓名 | | 考核日期 | | |
|---|---|---|---|---|---|---|
| 考核说明 | 1. 每人 100～150g 色漆（初级建议水性纯色漆，中级建议水性金属漆）及其配方，并提供配方板、目标板。考核结束时提交微调颜色样板及考核记录表；<br>2. 在 40min 内完成所给色漆颜色微调操作；评判每步的正确性及施工质量（带★号评分项参考考核记录表）。 | | | | | |
| 评分项 | 得分条件 | | | | 配分 | 扣分 |
| 配方分析 | ★正确查询并记录每个色母的名称、特性（每错误一项扣 1 分） | | | | 8 | |
| | ★正确分析并写出每个色母增加后对颜色的主要影响（每错误一项扣 1 分） | | | | 8 | |
| 色母分析 | 正确使用色母挂图（口述色轮图、象形图、色母表、调色指南的作用，每错误一项扣 1 分） | | | | 4 | |
| | 正确进行样板比对（是否并放，是否正视、侧视观察，每错误一项扣 1 分） | | | | 2 | |
| | 正确光源条件下比色（最少选择两种不同光源，每少选一次扣 1 分） | | | | 2 | |
| 色母添加 | ★正确选择微调色母（每错误一次扣 2 分） | | | | 8 | |
| | ★正确记录色母调整量（未记录扣 1 分） | | | | 1 | |
| 样板喷涂 | 正确进行搅拌（均匀的颜色，未搅匀扣 1 分） | | | | 1 | |
| | ★正确进行涂料调配（底色漆、清漆，按所用涂料品牌规定配比，每错误一次扣 2 分） | | | | 4 | |
| | ★正确选择喷枪（底色漆和清漆喷枪，按所用涂料品牌建议选用，每错误一项扣 1 分） | | | | 2 | |
| | ★正确调整喷枪（按所用涂料品牌建议调整，每错误一项扣 1 分） | | | | 3 | |
| | ★正确进行喷涂操作（距离、角度、重叠幅度、喷涂范围，每错误一项扣 1 分） | | | | 4 | |

续上表

| 评分项 | 得分条件 | 配分 | 扣分 |
|---|---|---|---|
| 样板喷涂 | ★正确的底色漆、清漆喷涂层数（按所用涂料品牌建议喷涂，每错误一项扣1分） | 2 | |
| | 正确的干燥方法和干燥效果（水性底色漆风筒吹干至亚光、清漆烤干至表干，每错误一项扣1分） | 2 | |
| 安全防护 | 正确进行安全防护（防护服、护目镜、手套、活性炭面罩、安全鞋等，漏戴或错戴扣1分/次） | 5 | |
| 现场7S | 喷枪清洗干净并还原（未清洗干净扣2分/把） | 3 | |
| | 工位整理及清洁干净，无滴漆（未做好扣1分） | 2 | |
| | 废弃物分类处置（未做好扣1分） | 1 | |
| 最终效果 | 色板底色漆喷涂的质量（目视评价，分三级评判，按等次评0~12分） | 12 | |
| | 色板清漆喷涂的质量（目视评价，分三级评判，按等次评0~8分） | 8 | |
| | 与目标板颜色接近（目视评价，分三级评判，按等次评0~18分） | 18 | |
| 总分 | | 100 | |

# 学习任务七 调色实例

> **学习目标**

☆**知识目标**

1. 掌握纯色漆微调方法及注意事项(初级技能);
2. 掌握金属漆微调方法及注意事项(中级技能);
3. 了解珍珠漆调色方法及注意事项(中、高级技能)。

☆**技能目标**

1. 能正确地进行纯色漆的微调(初级技能);
2. 能正确地进行金属漆的微调(中级技能);
3. 能正确地进行珍珠漆的微调(中、高级技能)。

> **建议课时**

18~30 课时。

> **任务描述**

某汽车涂料调漆中心每天会接到不同的调色任务,请根据客户提供的车辆信息或颜色样板(目标板)调配出准确的颜色。

## 一、理论知识准备

### (一)纯色漆微调方法及注意事项

#### 1. 纯色漆微调的方法

纯色漆没有正侧面颜色变化,受喷涂影响较小,微调时一般按以下方法进行分析和操作。

(1)改变明度的方法。纯色漆微调时,如果颜色要调浅(亮)一点,可增加白色色母或比涂料本身颜色浅的色母(加入彩色色母同时也会改变色调和彩度);如果颜色要调深(暗)一点,可增加黑色色母或比涂料颜色深的色母。

涂料中加入黑色色母、白色色母主要改变颜色的明度,同时也会使彩度降低,一般对色相没有影响。但有少数颜色在加入黑、白色后,在改变明度、彩度的同时也会改变色调,这类颜色在微调时要特别注意。如红色中加入白色会使颜色变浅变浊变粉,加入蓝相黑会使颜色变深变浊变紫(图7-1)。如果不想改变色调,只要使红色变浅变亮一点的话,可加入橙色或少量黄色;反之,则可以通过减少配方中橙色或黄色的量来使颜色变深。

图7-1 大红色加入白或黑色的变化

(2)改变色调偏向的方法。纯色漆微调时,要熟悉颜色的基本混合规律。色调一般围绕其色相环上相邻的颜色发生变化,选择微调色母时可选主色调的邻近色。例如,绿色的邻近色为黄绿和蓝绿,如图7-2 圈内所示,要想使色调偏蓝,可优先考虑加入蓝绿进行微调。虽然加入蓝色也会让绿色色调变蓝,但颜色变化较大,不易控制。

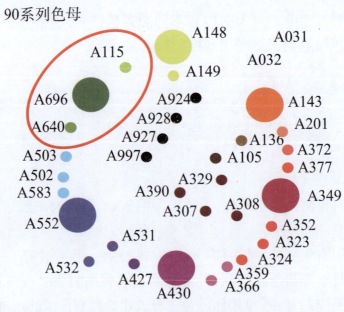

图7-2 绿色的相邻色

(3)改变彩度的方法。纯色漆微调时,要想使颜色变浑浊一点,可加入黑色、白色、互补色或比涂料颜色浑浊的色母。而要想使浑浊的颜色变鲜艳,只有减少配方中黑、白色母的比例,或者加入大量的、鲜艳的主色。

### 2. 纯色漆微调时的注意事项

(1)微调前要分析配方。要清楚颜色是由哪几种色母组成的,哪种色母是主色,哪种色母是辅色,色与色之间的关系如何,在配方中的比例是多少。

(2)颜色微调一般本着先调明度,再调色调,最后调整彩度的原则进行。但调整任何一个颜色属性,另外的两个颜色属性也会跟着变化。选择微调色母时,需要综合分析颜色三个属性的变化,只有当三个或其中两个属性能往需要的方向变化时,才能选择这个色母。对于只能使一个属性往需要的方向改变,另外的属性往相反方向改变的色母,则要慎重考虑;对于一个都不符合的,则完全不考虑。

(3)每次添加所缺色母的量要谨慎,一次加入太多或太少,都难以判断颜色的走向是否正确。在接近目标颜色时,要仔细控制加入量,避免添加过量。

(4)注意涂料的干湿颜色差异。涂料中的颜料比重各不相同,白色颜料和某些黄色颜料比重较大,由于颜料的沉降效果(图7-3),刚喷涂的涂料颜色会显得浅(亮)一些,干燥后的涂料颜色会显得深(暗)一点。所以在微调时,一是可以让湿涂料颜色比目标板稍浅一点;二是试色板必须烘烤干燥后才能进行对比。

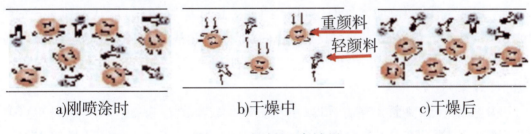

a)刚喷涂时　　　　b)干燥中　　　　c)干燥后

图7-3　颜料沉降效果

(5)尽量选用彩度高的色母。汽车在纯色选择上喜欢明快、鲜艳的色彩,如红色、黄色、蓝色。这些颜色微调时要根据需要谨慎使用黑、白、互补色,避免颜色变浑浊。

(6)尽量不选用低浓度的色母(即透明色母)作为主色,即使不得不选用时,也要搭配使用高遮盖力的色母,避免涂料遮盖力差。这种情况以鲜艳的红色、黄色最为常见。

(7)微调白色或浅色纯色涂料时,尽量选用低浓度的色母。浓度高的色母一般是低浓度色母的5~10倍,即使1L里面只用一滴,在浅色里面也能明显的反应出来,选用低浓度色母的好处是微调时容易控制变化范围。

(8)黑色表面的光泽对判断颜色影响较大。比色前和喷涂完成后可以通过对新喷表面及相邻部位抛光打蜡的方法处理。同时,在充足地光线下比对颜色差异。

## (二)金属漆微调方法及注意事项

### 1.金属漆微调的方法

金属漆(包括含有银粉色母、珍珠色母的双工序底色漆)微调也遵循一般颜色混合规律。但金属漆里面有银粉、珍珠颗粒,正侧面观察时颜色差异有时不同,且受喷涂影响较大,所以金属漆微调跟纯色漆有很多相同的地方又有很多的不同。

(1)改变明度的方法。金属漆要整体上改变明度,可加入黑色或比涂料颜色深的色母使明度变深(暗);加入银粉、珍珠或比涂料颜色浅的色母使颜色变浅(亮)。但如果只是微调涂料正侧面的明度,则方法如下。

①正侧面都太浅时,可等比例加入配方中的其他纯色色母,以减少银粉比例。

②正侧面都太深时,可加入配方中的银粉色母进行冲淡,减少素色色母的比例。

③正面太浅、而侧面太深时,可以用细银(正面深侧面浅)取代粗银(正面浅侧面深);或加入银粉控色剂,可使正面变深,侧面变浅(同时也会增强银粉颗粒闪烁效果);或加入微调白色色母,使正面变浊,侧面变亮(同时也会减弱银粉颗粒闪烁效果)。

④正面太暗、侧面太亮时,可以用粗银取代较细的银粉;或减少银粉控色剂,使正面变亮,侧面变暗(银粉颗粒闪烁效果会减弱);或减少白色色母使正面变清,侧面变暗(银粉颗粒闪烁效果会增强)。

(2)改变色调偏向的方法。金属漆微调色调时,以正面色调调整为主,以侧面色调调整为辅。要增加某个色调偏向,加入配方中相应的色母即可。若需要把不需要的颜色偏向消除,需要调整配方中某个色母,这个色母的颜色偏向应该是需要消除的颜色偏向在色环图中对面位置的颜色。如需要消除某个涂料颜色的红色偏向,则用配方中带绿相的色母。

(3)改变彩度的方法。调整金属漆的彩度,可通过加入银粉、黑色、主色或补色色母等方法进行调整,也可以加入少量珍珠色母以增加其鲜艳度。具体方法如下。

①金属漆正面颜色太鲜艳(清澈)时,若需要使其变浊一些时,可用黑色和白色色母或用黑色和细银取代较粗的银粉。

②金属漆正面颜色太浑浊要变鲜艳一些时,可减少黑色母或用较粗的银粉取代较细的银粉。

③使用通透性好的色母,则能使银粉正面变亮、变鲜艳,侧面变深。

④使用高遮盖力色母,则能使银粉正面的鲜艳度降低,侧面变浅。

2. 金属漆微调时的技巧和注意事项

(1)金属漆微调时既要考虑正、侧面的颜色属性差异,也要兼顾银粉颗粒大小、数量多少等。

(2)微调前要清楚配方中所有色母的特性,要能准确判断出色母加入后对涂料的正侧面颜色影响。要清楚干湿涂膜的颜色变化(图7-4),要清楚清漆对最终颜色的影响。

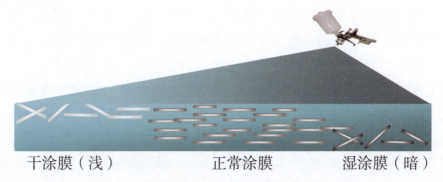

干涂膜(浅)　　　正常涂膜　　　湿涂膜(暗)

图7-4　金属漆干湿涂膜的颜色变化效果

(3)颜色样板的材质、底色必须与目标板保持一致,颜色样板的喷涂方法、施工条件必须与目标板保持一致。颜色样板必须经烘烤干燥后才与目标板进行颜色比对。

(4)合理使用银粉控制剂帮助微调。银粉控制剂的作用是防止铝粉颜料处于平展状态,在金属漆中加入控制剂后,铝粉颜料整体呈现雨伞张开的形状,侧面观察时,光线反射增强使涂层变亮,正面观察反射光线减少,涂膜颜色变暗。

(5)通过改变银粉颗粒的大小来微调。正面太亮、侧面太暗时,可用细的银粉取代较粗的银粉;正面太暗、侧面太亮时,可用粗的银粉取代较细的银粉。细银粉的侧面亮度低,粗银粉对侧面色调的影响较大,中银粉通常是单独使用,或者与其他银粉配合使用。

(6)利用白色色母的特性来帮助微调。在银粉漆里面加入白色,会明显提高银粉侧面的白度,但是最大的副作用就是会使银粉颜色正面变浑浊、暗沉,降低银粉的闪烁度。所以在银粉里面加入白色母时应非常小心。在银粉漆中加入超细白,可以提高银粉的侧面白度,而且会使侧面带蓝相。但加入较多的细白时,会使银粉的正面出现金黄色相。

(7)利用幼白银或白珍珠色母来微调。由于白珍珠的透明特性,光线在照射到上面时,会有大量的光线从侧面透射出来。在银粉漆里面根据实际情况加入5%~30%的透明白珍珠,会使银粉漆的侧面透光量增大,从而使颜色看起来变白、变浅,银粉的颗粒变得细腻、顺滑。在银粉漆中加入白珍珠,会稍微改变银粉侧面的色调,幼白珍珠会使银粉漆侧面颜色向黄相偏移,白珍珠或粗白珍珠会使侧面颜色向蓝相偏移。

## (三)珍珠漆调色方法及注意事项

### 1. 珍珠漆调色的方法

珍珠漆通常不用珠光效果色母调色,除非配方中只含珠光效果色母和其他有色色母而不含银粉色母。配方中既有珍珠色母,又有银粉色母的珍珠漆调色可以参照金属漆调色方法进行。影响遮盖力较差的珍珠漆颜色效果的最主要因素有两个方面:底色漆颜色和珍珠漆涂层厚度。调色时主要靠选择正确的底色漆颜色、喷涂合适厚度的珍珠漆层来进行,其一般方法如下。

(1)底色漆层调色。底色漆调色可以通过车辆颜色信息或涂料厂家提供的色卡查找颜色配方,从而获得底色漆的配方。在无法找到车辆颜色代码或没有色卡的情况下,可以在车身上查找只喷有底色漆的部位,如行李舱内侧、油箱盖背面、发动机舱盖内侧等部位;也可以打磨需要修补位置的面漆,露出底色层,然后进行比色。

(2)珍珠层调色。珍珠漆配方可以通过查询颜色配方软件获得,但喷涂后的珍珠层颜色主要由底色漆层和珍珠层厚度决定。喷涂珍珠层的层数不同,颜色也会不同。因此,对于所有三工序珍珠色的调配来说,制作分层试板以供比色是非常必要的步骤。

(3)试板的喷涂。首先在试板上喷涂2~3层底色漆并充分干燥,然后进行分层遮蔽(一般遮蔽三次)。按要求调配并混合均匀珍珠色漆后(珍珠色母颜料比重大,容易沉淀),根据实车喷涂方法喷涂珍珠漆。每喷涂一遍珍珠色漆,撕去一层遮蔽纸,使样板的四部分珍珠层分别为四层、三层、二层、一层;珍珠层干燥后,在整个试板上喷涂双组分清漆,然后烤干。也可以往几块相同底色漆的颜色样板上喷涂不同层数珍珠漆的方法来制作样板(图7-5)。

样板比色及颜色微调。待清漆干燥后,将样板与修补区邻近的原车色做比较(图7-6),观察喷涂几层珍珠色漆颜色最为接近待修补区。如果分色样板1～4层珍珠的颜色均有差异,需要重新从底色层开始调色,再制造分色样板,直到找到最为接近的样板颜色为止。

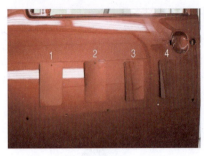 

图7-5　珍珠漆多层喷涂　　　　图7-6　珍珠漆比色

三工序珍珠色是底色层和珍珠层的合成颜色,其颜色大多数取决于底色漆层的颜色。如果四层珍珠色和车身颜色还是不符,则继续微调底色漆层或者采用正确的修补工艺,不要试图通过增加珍珠层来达到颜色一致。珍珠漆颜色微调的难度较大,建议采用修补晕色技术解决颜色的差异,以免浪费时间。

**2. 珍珠漆调色时的注意事项**

(1)珍珠漆层调色一般选用低浓度的透明色母。

(2)调整珍珠漆正侧面主要依靠底色漆色母来表现,珍珠色母的种类、数量和粗细程度对颜色的影响占其次(浅色或纯珍珠漆除外)。

(3)珍珠漆层调色本着先调深浅,再调色调的原则;以调整正面色调为主,兼顾侧面色调、珍珠颗粒大小和数量是否接近的原则。

(4)珍珠云母颜料的特性是在直射日光或类似光源下,会变得特别显眼,因此在调色比色时,须在直射日光或类似光源下确认珍珠本身的色相与颗粒大小情况。

(5)依照珍珠云母颜料的添加量多少,涂料的珍珠感变化很大,调色时珍珠云母颜料的计量调色必须准确,微调时也必须小心添加。

(6)由于珍珠云母颜料比重大,会很快沉淀,用稀释剂稀释后沉淀的倾向更明显,喷涂前必须充分搅拌,否则将无法获得所需颜色。

(7)依据涂膜厚度或干、湿喷涂方式的不同,珍珠漆的颜色变化很大,因此,在调色时,喷涂试色板的条件必须与实车喷涂相同。

## 二、任务实施

### (一)作业前的准备

调色前的准备工作要充分考虑到调色整个流程的细节,准备不充分将严重影响调色效率和质量。调色前的准备工作主要包括以下几个方面。

(1)准备个人安全防护用品。在调色过程中会进行涂料的准备、调配、喷涂等工作,施工人员要避免直接接触和吸入溶剂、漆雾等,整个施工过程都必须按要求穿戴好相关防护用品(图7-7)。

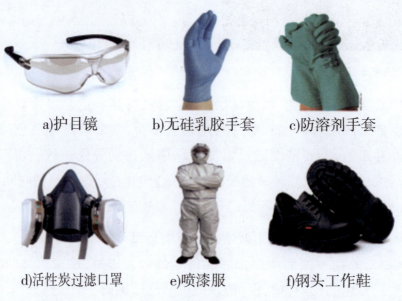

a)护目镜　　b)无硅乳胶手套　　c)防溶剂手套

d)活性炭过滤口罩　　e)喷漆服　　f)钢头工作鞋

图7-7　调色时的个人防护

(2)准备好调色用色母及相关辅料。调色前检查色母种类是否齐全、数量是否充足,需要补充的及时补充,并提前将所有色母进行充分搅拌(无需搅拌的色母不要搅拌)。调色用到的稀释剂、清漆、固化剂、除油剂、擦拭布等也需要一并准备好。

(3)准备好调色工具及颜色资料。在等待色母搅拌过程中,可以将调色需要用到的电子秤、比色灯箱、样板烘烤箱、喷漆柜、喷枪、调漆杯、搅拌尺、比例尺、颜色试板、色母挂图、色卡、颜色配方查询电脑等准备好(图7-8)。

### (二)纯色漆调色

纯色漆调色相对简单,它是练习调色的基础。下面我们以几种常见的汽车纯色面漆颜色为例,讲解纯色面漆微调的分析方法和操作步骤。

图 7-8　调色时的工位准备

**1. 白色纯色面漆颜色的调整**

(1) 查找配方。

①鉴别面漆颜色效果。本例中来车为奔驰 C200 汽车,通过对面漆颜色的观察,得到如下信息:白色、无肉眼可见颗粒——表明是白色纯色面漆。

②查找车身颜色代码。通过车辆相关信息,查询到奔驰 C200 汽车白色面漆的颜色代码为 149(北极白)。

③查询颜色配方。通过所用涂料品牌的颜色配方软件,输入颜色代码、车辆信息等,进入到颜色配方界面。输入需要调配的量,得到颜色配方(图 7-9)。

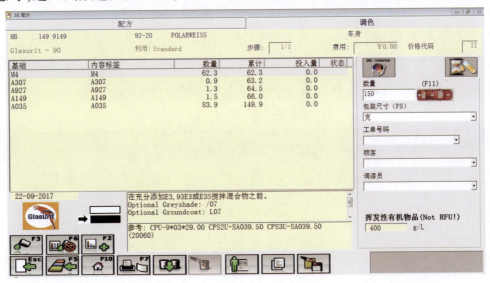

图 7-9　颜色配方

(2) 计量调色。

①根据每个色母的单独量,利用电子秤,依次准确地加入搅拌均匀的色母。

②用搅拌杆充分搅匀所有色母,直到涂料颜色一致,涂料杯壁上无杂色

为止。

(3) 喷涂样板。

① 倒出 50g 底色漆，按比例加入稀释剂，并搅拌均匀。同时按技术说明调配好清漆。然后将调配好的底色漆、清漆过滤到合适型号的喷枪里面。

② 选择白色底(类似于鹦鹉 07 号灰度)的试色板(图 7-10)，清洁除油干净后，按规范要求喷涂底色漆和清漆，形成配方板。

③ 将配方板置于烤箱烤干。注意防止起泡、起痱子，否则影响颜色的辨别。

(4) 比对颜色。

① 将配方板与车身表面颜色进行比对。比对时选择需要喷涂部位相邻的板件，清洁干净后进行仔细比对(图 7-11)。

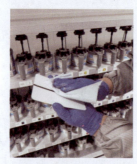

图 7-10　试色板　　图 7-11　比对颜色

② 判断配方板与车身的颜色差异。如果颜色差异在可以直接喷涂或过渡喷涂范围里，说明此次选择的配方较准确，可不用微调。在本例中，配方板与车身比对后，发现有轻微色差，主要差异见表 7-1，需要进行微调。

颜　色　差　异　对　比　　　　　　　　　　　表 7-1

| | 目标板(车身)比配方板 |
|---|---|
| 色相 | 更红□　更黄☑　更蓝□　更绿□　更紫□　更橙□　无明显差异□ |
| 明度 | 更深☑　更浅□　无明显差异□ |
| 彩度 | 更鲜艳□　更浑浊□　无明显差异☑ |

(5) 微调颜色。

① 分析配方及色母。根据配方，查询色母颜色名称及色母特性，进行初步分析(表 7-2)，排除掉加入后与颜色差异相悖的色母。再通过查看色母挂图及色母本身的颜色，对剩下的色母进行逐步分析。在本配方中，有两个色母经初步分析符合要求，但 A149 柠檬黄色母加入白色中会使涂料黄相过重，而 A927 微调黑色

母加入后最主要改变的是明度,同时也会使白色略带黄相。所以通过进一步比较,判断微调黑色母更符合要求。

配方分析  表7-2

| 色母代号 | 50g单量 | 色母名称 | 色母特性 | 增加对颜色的主要影响 | 判断结果 |
|---|---|---|---|---|---|
| M4 | 20.8 | 调和树脂 | 透明 | 无变化 | 不考虑 |
| A307 | 0.3 | 微调铁红 | 低浓度铁红,偏棕色 | 变深,变红 | 不考虑 |
| A927 | 0.4 | 微调黑 | 低浓度黑,略带黄相 | 变深,变黄,变浑浊 | 考虑 |
| A149 | 0.5 | 柠檬黄色 | 低浓度绿相黄 | 变深,变黄 | 考虑 |
| A035 | 28.0 | 雪白 | 高浓度白 | 变浅,变白 | 不考虑 |

②添加所缺色母。由于微调黑是低浓度黑、着色力差,在配方中含量也不高,根据配方板与车身的颜色差异大小,决定第一次试加时在50g配方里面添加A927色母的最小添加量(即0.1g)进行微调。

③喷涂样板并烤干。将添加了微调色母的50g底色漆按比例添加稀释剂,搅拌均匀后按规范操作喷涂试色板1,然后烤干。

④颜色比对及分析。将配方板、试色板1同时与车身颜色进行比对(图7-12),判断试色板1是否比配方板更接近车身颜色。在本例中,经过比对,判断试色板1明度比配方板深,与车身比较接近,但黄相不够。此时如果继续添加微调黑色母,明度会变化较大,甚至比车身更暗,而黄相不够。所以此时考虑改变微调方向,通过添加少量的柠檬黄色母进行色调微调。

图7-12  颜色比对

⑤添加色母及喷涂样板。根据试色板1与配方板、车身的颜色差异,结合色母特性、配方中的比例和涂料本身的颜色深浅等,第二次微调时,可以参考第一次微调的结果,往50g配方里面加入0.1gA927色母,加入0.1gA149色母,混合均匀后,喷涂试色板2并烤干。

⑥反复颜色比对及微调。按照第④、⑤步方法,将试色板2分别与配方板、试

色板1、车身颜色进行比对,判断颜色差异,分析所缺色母及数量,重复颜色微调过程,直到最后喷涂的试色板颜色与车身颜色很接近,达到可以直接喷涂或过渡喷涂为止。

图7-13 自制色卡集

⑦记录色母的添加量,形成最终配方。每次添加色母后,记录添加量,并将每次形成的配方张贴于对应试色板背面,形成色卡集(图7-13)。最后将最接近的试色板配方按比例进行换算,即可得到车身的颜色配方(表7-3)。

微 调 记 录 表　　　　　表7-3

| 色母代号 | 50g单量 | 色母名称 | 第一次试加(g) | 第二次试加(g) | 第三次试加(g) | 最终配方(100g) |
|---|---|---|---|---|---|---|
| M4 | 20.8 | 调和树脂 | | | | 41.6 |
| A307 | 0.3 | 微调铁红 | | | | 0.6 |
| A927 | 0.4 | 微调黑 | +0.1 | +0.1 | | 1.0 |
| A149 | 0.5 | 柠檬黄色 | | +0.1 | | 1.2 |
| A035 | 28.0 | 雪白 | | | | 56.0 |

(6)7S。

将所有用过的工具设备(特别是喷枪)清洁干净后还原,将调色剩余涂料按规范要求妥善处理,检查施工场地,完成调色工作。

**2. 红色纯色面漆颜色的调整**

(1)查找配方。本例中,根据来色样板(图7-14)及客户提供的信息,通过色卡资料查找与目标板最接近的色卡及其颜色配方(图7-15)。

(2)计量调色。根据需要的量计算出配方,然后依次准确地加入搅拌均匀的色母,调配出涂料。

(3)比对颜色。将色卡与来色样板颜色进行对比,判断目标板与配方板的颜色差异(表7-4)。

图 7-14　来色样板

图 7-15　色卡及配方

颜色差异对比　　　　　　　　　　　　　　　　　表 7-4

| 目标板(来色样板)比配方板(色卡) | | | | | | | |
|---|---|---|---|---|---|---|---|
| 色相 | 更红☐ | 更黄☐ | 更蓝☐ | 更绿☐ | 更紫☑ | 更橙☐ | 无明显差异☐ |
| 明度 | | | 更深☑ 更浅☐ 无明显差异☐ | | | | |
| 彩度 | | | 更鲜艳☐ 更浑浊☐ 无明显差异☑ | | | | |

(4) 微调颜色。

① 分析配方及色母。根据配方,查询色母颜色名称及色母特性,查看色母挂图及色母,经初步分析后,排除掉会使颜色更浅的亮红、雪白色母,再对剩下的色母 A350 和 A927 进行分析(表 7-5)。加入 A350 深红色母后能满足色相、明度两个颜色属性同时往需要方向变化的要求,而 A927 微调黑色母加入后只能满足明度一个属性变化要求。所以首先考虑选用 A350 进行微调。

配方分析　　　　　　　　　　　　　　　　　表 7-5

| 色母代号 | 50g 配方 | 色母名称 | 色母特性 | 增加对颜色的主要影响 | 判断结果 |
|---|---|---|---|---|---|
| M4 | 34.0 | 调和树脂 | 透明 | 无变化 | 不考虑 |
| A350 | 13.3 | 深红 | 偏紫的红 | 变深,变紫 | 考虑 |
| A323 | 2.1 | 亮红 | 最鲜艳的红 | 变浅 | 不考虑 |
| A927 | 0.8 | 微调黑 | 低浓度黑 | 变深 | 考虑 |
| A035 | 0.2 | 雪白 | 高浓度白 | 变浅 | 不考虑 |

②添加所缺色母。由于 A350 在本配方中属于主色,添加量过小时难以看出颜色变化,同时根据色卡与来色样板的颜色差异大小,决定第一次试加时,在 50g 配方里面加入色母单独量的 20%(即 $13.3g \times 20\% \approx 2.7g$)进行微调。

③喷涂样板并烤干。将添加了微调色母的 50g 底色漆按比例添加稀释剂,搅拌均匀后按规范操作喷涂出试色板 1,然后烤干。

④颜色比对及分析。将色卡、试色板 1 同时与来色样板进行比较(图 7-16),发现试色板 1 色相变紫、明度变深,整体上比色卡更接近来色样板。但还是存在差异,主要表现为明度还不够深。若继续添加深红色母,虽能使明度变深,但也会使色相更紫,所以第二次微调时,以调整明度为主,考虑添加 A927 色母进行微调。

⑤添加所缺色母及喷涂样板。根据颜色差异大小、色母特性、含量及涂料颜色深浅等,决定第二次在 50g 起始配方涂料里,先加入 20% 的 A350 色母,然后加入 30%(即 $0.8g \times 30\% \approx 0.2g$)的 A927 色母,混合均匀后,喷涂试色板 2。

⑥反复颜色比对及微调。按照第④、⑤步方法,将试色板 2 分别与色卡、试色板 1、来色样板进行比对(图 7-17),判断颜色差异,分析所缺色母及数量,重复颜色微调过程,直到最后喷涂的试色板颜色与车身颜色已经很接近,达到可以直接喷涂或过渡喷涂为止。

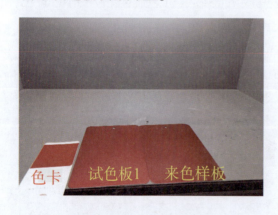

图 7-16 颜色比对

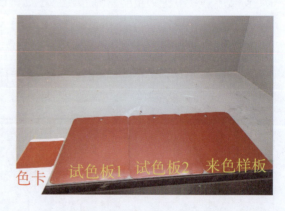

图 7-17 颜色比对

⑦整理配方,完成 7S。将每次微调形成的配方张贴于对应试色板背面,并将最接近的试色板配方按比例进行换算,得到车身颜色配方(表 7-6)。清理工具设备及场地,完成调色工作。

微调记录表　　　　　　　　　表7-6

| 色母代号 | 50g单量 | 色母名称 | 第一次试加(g) | 第二次试加(g) | 第三次试加(g) | 最终配方(100g) |
|---|---|---|---|---|---|---|
| M4 | 34.0 | 调和树脂 | | | | 68.0 |
| A350 | 13.3 | 深红 | +2.7 | +2.7 | | 32.0 |
| A323 | 2.1 | 亮红 | | | | 4.2 |
| A927 | 0.8 | 微调黑 | | | +0.2 | 2.0 |
| A035 | 0.2 | 雪白 | | | | 0.4 |

3. 黄色纯色面漆颜色的调整

(1) 明确要求。本例中，根据客户提供的目标颜色样板(图7-18)及200g的起始配方(图7-19)，需微调出最接近的颜色样板并整理出目标板颜色配方。

图7-18　目标板

图7-19　起始配方

(2) 计量调色。根据起始配方，依次准确地加入搅拌均匀的色母，调配出涂料。

(3) 喷涂样板。倒出50g色漆，按要求稀释后，选择白色底(类似于鹦鹉07号灰度)的色板喷涂出配方板，并烤干。

(4) 比对颜色。将配方板与目标板进行对比，判断出目标板与配方板的颜色差异(表7-7)。

# 汽车调色技术

颜色差异对比　　　　　　　　　　表 7-7

| | 目标板比配方板 | | | | | | |
|---|---|---|---|---|---|---|---|
| 色相 | 更红☐ | 更黄☐ | 更蓝☐ | 更绿☐ | 更紫☐ | 更橙☑ | 无明显差异☐ |
| 明度 | | | 更深☑ | 更浅☐ | | 无明显差异☐ | |
| 彩度 | | | 更鲜艳☐ | 更浑浊☑ | | 无明显差异☐ | |

(5) 微调颜色。

①分析配方及色母。根据配方，查询色母颜色名称及色母特性，查看色母挂图及色母，经初步分析后，排除会使颜色更浅的柠檬黄、微调白色母，再对剩下的色母进行分析 (表 7-8)。A927 微调黑色母只能让明度往需要的方向变化，所以暂不考虑。而 A105 土黄色母和 A306 铁红色母加入后都能使明度变深，使色相往橙、红方向转变，但根据相邻色原则，加入土黄色母更合适。所以首先考虑选用 A105 色母进行微调。

配方分析　　　　　　　　　　表 7-8

| 色母代号 | 50g 配方 | 色母名称 | 色母特性 | 增加对颜色的主要影响 | 判断结果 |
|---|---|---|---|---|---|
| M4 | 24.6 | 调和树脂 | 透明 | 无变化 | 不考虑 |
| A148 | 10.5 | 柠檬黄 | 高遮盖力绿相黄 | 变浅，变鲜艳 | 不考虑 |
| A035 | 9.5 | 雪白 | 高浓度白色 | 变浅 | 不考虑 |
| A105 | 3.5 | 土黄 | 红相黄 | 变深，变橙 | 考虑 |
| A306 | 1.4 | 铁红 | 棕色铁红 | 变深，变红 | 考虑 |
| A927 | 0.5 | 微调黑 | 低浓度黑色 | 变深 | 考虑 |

②添加所缺色母。根据颜色差异大小、色母特性、含量及涂料颜色深浅等，决定第一次试加时在 50g 配方里面加入 A105 色母单独量的 20%（即 3.5g×20%≈0.7g）进行微调。

③喷涂样板并烤干。将添加了微调色母的 50g 底色漆按比例添加稀释剂，搅拌均匀后按规范操作喷涂出试色板 1，然后烤干。

④颜色比对及分析。将配方板、试色板 1 同时与目标板进行比对 (图 7-20)，发现试色板 1 色相变橙、明度变深，整体上比配方板更接近目标板。经分析，第一

次微调选择的色母是正确的,只在添加量上有所欠缺。

⑤添加所缺色母及喷涂样板。根据第一次微调结果,决定第二次在50g起始配方涂料里面,直接加入40%(即3.5g×40%≈1.4g)的A105色母,混合均匀后,喷涂试色板2。

⑥反复颜色比对及微调。按照第④、⑤步方法,将试色板2分别与配方板、试色板1、目标板进行比对(图7-21),判断颜色差异,分析所缺色母及数量,重复颜色微调过程,直到最后喷涂的试色板颜色与目标板颜色已经很接近为止。

图7-20 颜色比对

图7-21 颜色比对

⑦整理配方,完成5S。将每次微调形成的配方张贴于对应试色板背面,并将最接近的试色板配方按比例进行换算,得到目标板颜色配方(表7-9)。清理工具设备及场地,提交最接近的试色板及其配方,完成调色工作

微调记录表　　　　　　　　　　　　　表7-9

| 色母代号 | 50g配方 | 色母名称 | 第一次试加(g) | 第二次试加(g) | 第三次试加(g) | 最终配方(100g) |
|---|---|---|---|---|---|---|
| M4 | 24.6 | 调和树脂 | | | | 49.2 |
| A148 | 10.5 | 柠檬黄 | | | | 21.0 |
| A035 | 9.5 | 雪白 | | | | 19.0 |
| A105 | 3.5 | 土黄 | +0.7 | +1.4 | +1.2 | 9.4 |
| A306 | 1.4 | 铁红 | | | | 2.8 |
| A927 | 0.5 | 微调黑 | | | | 1.0 |

## (三)金属漆调色

金属漆调色相对复杂,微调时不仅要考虑颜色的正面色调、明度和彩度,还要比较侧面的颜色效果,在施工时很多因素也会导致颜色差异。但目前汽车上使用金属漆颜色较多,所以金属漆调色非常重要。下面我们以几种常见汽车面漆颜色为例,以某品牌90系列水性漆色母来讲解金属漆调色的操作步骤和分析方法。

### 1. 银色金属漆颜色的调整

(1)查找配方。本例中来车为大众CC汽车,根据汽车表面的颜色效果,判断出来车为银色金属面漆,根据汽车品牌和车型,查询到颜色代码为LY7W(水晶银),通过颜色配方查询软件,得到颜色配方(图7-22)。

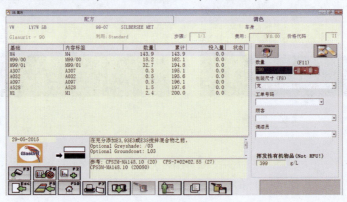

图7-22 颜色配方界面

(2)计量调色。根据配方,依次准确地加入所有色母,并充分搅拌均匀。

(3)喷涂样板。倒出50g色漆,按要求调配后,选择中灰色底(类似于鹦鹉03号灰度)的色板喷涂出配方板,并烤干。

(4)比对颜色。将配方板与车身表面进行对比,判断出车身与配方板的颜色差异(表7-10)。

颜色差异对比　　　　　　　　　　　　　　　　表7-10

| 目标板(车身)比配方板 | | | |
|---|---|---|---|
| 正面观察 | | 侧面观察 | |
| 色相 | 更红□ 更黄□ 更蓝□ 更绿☑<br>更紫□ 更橙□ 无明显差异□ | 色相 | 更红□ 更黄□ 更蓝☑ 更绿□<br>更紫□ 更橙□ 无明显差异□ |

续上表

| | 正面观察 | | 侧面观察 |
|---|---|---|---|
| 明度 | 更深☑ 更浅☐ 无明显差异☐ | 明度 | 更深☑ 更浅☐ 无明显差异☐ |
| 彩度 | 更鲜艳☐ 更浑浊☐ 无明显差异☑ | 彩度 | 更鲜艳☐ 更浑浊☐ 无明显差异☑ |
| 颗粒 | 更粗☐ 更细☐ 无明显差异☑ | 颗粒 | 更粗☐ 更细☐ 无明显差异☑ |
| | 更多☐ 更少☐ 无明显差异☑ | | 更多☐ 更少☐ 无明显差异☑ |

(5)微调颜色。

①分析配方及色母。根据配方,查询色母颜色名称及色母特性,查看色母挂图,对色母进行初步分析(表7-11),选出最符合要求的色母。本例中,A528微调蓝色色母加入后能使色漆正侧面都更蓝,明度都更深,所以考虑选用A528进行微调。

配方分析　　　　　　　　　　　表7-11

| 色母代号 | 50g单量 | 色母名称 | 色母特性 | 增加对颜色的主要影响 |
|---|---|---|---|---|
| M4 | 36.0 | 调和树脂 | 透明 | 无变化 |
| M99/00 | 4.5 | 超细银 | 银灰色,最细的银 | 变浅 |
| M99/01 | 8.2 | 特细银 | 银灰色,正面闪亮,侧面深灰 | 变浅 |
| A307 | 0.1 | 微调铁红 | 低浓度棕色铁红,正面棕且脏,侧面棕 | 正侧面变红、变深 |
| A032 | 0.1 | 微调白 | 低浓度白,正面略脏,侧面略浅 | 变浅 |
| A097 | 0.1 | 幻彩白 | 仅用于效果色,黄相白,正面黄色,侧面蓝且浅 | 变浅,正面变黄、侧面变蓝 |
| A528 | 0.4 | 微调蓝色 | 低浓度红相蓝色,正面红相蓝色,侧面红相蓝色 | 正侧面变蓝,变深 |
| M1 | 0.6 | 银粉控制剂 | 乳白透明,提供更粗的外观 | 正面变深,侧面变浅 |

②添加所缺色母。A528 在 50g 配方中虽然含量不多,但因主色是浅银色,很少量的彩色色母对颜色影响都比较大,所以第一次只加入少量的色母,判断颜色走向是否正确。首先倒出 50g 色漆,然后在此色漆里面加入 A528 单独量的 20%(即 $0.4 \times 20\% \approx 0.1g$)并搅拌均匀。

③喷涂样板并烤干。将添加了微调色母的 50g 底色漆按比例添加稀释剂,搅拌均匀后按规范操作喷涂试色板 1,然后烤干。

④比对颜色。将配方板、试色板 1 同时与车身颜色进行比较(图 7-23),发现试色板 1 明度变深、色相变蓝,与车身颜色更加接近,说明第一次选择添加的色母是正确的。

⑤分析及添加色母。第一次微调后,经过分析,微调色母选择没有问题,只是添加量不够,根据试色板 1 与配方板、车身的颜色差异大小,考虑第二次在第一次基础上再增加 0.1g,即第二次在 50g 配方涂料中总共添加 0.2g 微调蓝色。

⑥喷涂样板及比对。将添加了微调色母的色漆调配好后喷涂试色板 2 并烤干,再次将配方板、试色板 1、试色板 2 与车身颜色进行比对(图 7-24),反复比对,判断颜色差异,分析所缺色母及数量,重复上述颜色微调过程,直至颜色达到可以直接喷涂或过渡喷涂的要求为止。

图 7-23　颜色比对

图 7-24　颜色比对

⑦整理配方,完成调色。将每次形成的配方张贴于对应试色板背面,并将最接近的试色板配方按比例进行换算,得到车身颜色配方(表 7-12)。清理现场,完成调色工作。

微调记录表　　　　　　　　　　表 7-12

| 色母代号 | 50g 单量 | 色母名称 | 第一次试加(g) | 第二次试加(g) | 第三次试加(g) | 最终配方（100g） |
|---|---|---|---|---|---|---|
| M4 | 36.0 | 调和树脂 | | | | 72.0 |
| M99/00 | 4.5 | 超细银 | | | | 9.0 |
| M99/01 | 8.2 | 特细银 | | | | 16.4 |
| A307 | 0.1 | 微调铁红 | | | | 0.2 |
| A032 | 0.1 | 微调白 | | | | 0.2 |
| A097 | 0.1 | 幻彩白 | | | | 0.2 |
| A528 | 0.4 | 微调蓝色 | +0.1 | +0.2 | | 1.2 |
| M1 | 0.6 | 银粉控制剂 | | | | 1.2 |

### 2.蓝色金属漆颜色的调整

（1）明确要求。本例中，根据客户提供的目标颜色样板（图7-25）及200g的起始配方（图7-26），需微调出最接近的颜色样板并整理出目标板颜色配方。

图 7-25　目标颜色样板　　图 7-26　起始颜色配方

（2）计量调色。根据单独量配方，依次准确的加入所有色母，并充分搅拌均匀。

（3）喷涂样板。倒出50g色漆，按要求稀释后，选择深灰色底（类似于鹦鹉02号灰度）的色板喷涂出配方板，并烤干。

（4）比对颜色。将配方板与目标板进行对比，判断出目标板与配方板的颜色差异（表7-13）。

颜色差异对比　　　　　　　　　表 7-13

| 目标板比配方板 | | | |
|---|---|---|---|
| 正面观察 | | 侧面观察 | |
| 色相 | 更红☐ 更黄☐ 更蓝☐ 更绿☑<br>更紫☐ 更橙☐ 无明显差异☐ | 色相 | 更红☐ 更黄☐ 更蓝☐ 更绿☑<br>更紫☐ 更橙☐ 无明显差异☐ |
| 明度 | 更深☑ 更浅☐ 无明显差异☐ | 明度 | 更深☑ 更浅☐ 无明显差异☐ |
| 彩度 | 更鲜艳☑ 更浑浊☐ 无明显差异☐ | 彩度 | 更鲜艳☑ 更浑浊☐ 无明显差异☐ |
| 颗粒 | 更粗☑ 更细☐ 无明显差异☐<br>更多☑ 更少☐ 无明显差异☐ | 颗粒 | 更粗☑ 更细☐ 无明显差异☐<br>更多☑ 更少☐ 无明显差异☐ |

（5）微调颜色。

①分析配方及色母。根据颜色差异，分析配方（表 7-14）。本例中，颜色的主要差异是色调和明度，能同时让正侧面色调变绿和明度变深的色母只有 A503 绿相酞蓝。

配方分析　　　　　　　　　表 7-14

| 色母<br>代号 | 50g<br>单量 | 色母<br>名称 | 色母特性 | 增加对颜色的<br>主要影响 |
|---|---|---|---|---|
| M4 | 32.3 | 调和树脂 | 透明 | 无变化 |
| M010 | 2.4 | 白珍珠 | 中等颗粒白珍珠，正面白亮，侧面白略带黄略暗 | 变浅 |
| M99/04 | 5.8 | 特细银 | 银灰色，正面闪亮，侧面深灰 | 变浅 |
| A032 | 0.2 | 微调白 | 低浓度白，正面略脏，侧面略浅 | 变浅 |
| A427 | 0.8 | 紫红 | 偏蓝相的紫，正面蓝相，侧面蓝相 | 变深，正侧面变蓝紫 |
| A503 | 7.6 | 绿相酞蓝 | 最绿相蓝色，正面绿相，侧面绿相 | 变深，正侧面变绿蓝 |
| M1 | 1.0 | 银粉控制剂 | 乳白透明，提供更粗的外观 | 正面变深，侧面变浅 |

②添加所缺色母。根据颜色差异大小及 A503 色母特性,在 50g 底色漆里面第一次加入绿相酞蓝色母量的 10%(即 7.6×10%≈0.8g)进行微调。

③喷涂样板。将添加了微调色母的 50g 底色漆按比例添加稀释剂,搅拌均匀后按规范操作喷涂试色板 1,然后烤干。

④比对颜色。将配方板、试色板 1 同时与目标板颜色进行多角度比较(图 7-27),发现试色板 1 正、侧面明度变深、色相变绿,与目标板颜色更加接近,但还不够深、不够绿,说明 A503 色母量还不够。

⑤分析及添加色母。根据第一次微调后的比对分析,决定第二次直接在 50g 配方里面加入 30% 的绿相酞蓝(即 7.6×30%≈2.3g)进行微调。

⑥喷涂样板及比对。将第二次添加了微调色母的色漆调配后喷涂试色板 2 并烤干,然后将配方板、试色板 1、试色板 2 与车身颜色进行比对(图 7-28)。通过观察发现,试色板 2 与目标板颜色在明度、色调及彩度上已经非常接近,目前比较大的差异体现在颜料颗粒不够粗、不够闪方面。通过加入粗银能达到粗的目的,但是对颜色整体明度的影响较大,所以考虑加入银粉控剂进行微调。

图 7-27　颜色比对

图 7-28　颜色比对

⑦微调及分析。根据颜色差异,加入 1g 银粉控制剂进行微调,喷涂试板,判断颜色差异,分析所缺色母及数量,重复颜色微调过程,直至颜色无明显差异为止。

⑧整理配方,完成调色。将每次形成的配方张贴于对应试色板背面,并将最接近的试色板配方按比例进行换算,得到目标板颜色配方(表 7-15)。清理工具设备及场地,提交最接近的试色板及其配方,完成调色工作。

微调记录表　　　　　　　　　　　　　　　　表 7-15

| 色母代号 | 50g 单量 | 色母名称 | 第一次试加(g) | 第二次试加(g) | 第三次试加(g) | 最终配方(100g) |
| --- | --- | --- | --- | --- | --- | --- |
| M4 | 32.3 | 调和树脂 |  |  |  | 64.6 |

续上表

| 色母代号 | 50g单量 | 色母名称 | 第一次试加(g) | 第二次试加(g) | 第三次试加(g) | 最终配方(100g) |
|---|---|---|---|---|---|---|
| M010 | 2.4 | 白珍珠 | | | | 4.8 |
| M99/04 | 5.8 | 特细银 | | | | 11.6 |
| A032 | 0.2 | 微调白 | | | | 0.4 |
| A427 | 0.8 | 紫红 | | | | 1.6 |
| A503 | 7.6 | 绿相酞蓝 | +0.8 | +2.3 | | 18.3 |
| M1 | 1.0 | 效果控制剂 | | | +1 | 4 |

### (四)珍珠漆调色

珍珠白是目前最常见的珍珠漆,我们以其为例讲解三工序珍珠漆颜色调色的方法。

(1)找出色卡。珍珠漆颜色复杂且调色困难,只有选择正确的配方,才能事半功倍。有时直接根据车辆颜色代码查询到的配方不一定准确(比如珍珠白易氧化变黄),所以先要利用涂料厂家提供的色卡箱,找出相应的颜色卡片与车身进行比对,选出其中完全一致或最接近的色卡(图7-29)。

(2)查询配方。根据最后选定的色卡,查找相应的颜色配方。对于遮盖力比较差的涂料,配方界面会显示工序1和工序2两个配方(图7-30),工序1代表最底层(即底色层)的颜色配方,工序2代表中间层(即珍珠层)的颜色配方。

图7-29 珍珠白色卡　图7-30 珍珠白配方

学习任务七 调色实例

（3）计量调色。将需要用到的色母搅拌均匀后，根据配方，分别调配出底色漆和珍珠漆。

（4）喷涂底色漆。将底色漆正常稀释后，按单组分纯色底色漆喷涂方法喷涂出底色漆颜色样板，并进行充分闪干。

（5）分层遮蔽。将干燥好的底色漆颜色样板平均分成四等分，用遮蔽纸进行分层遮蔽：第一层遮盖住底色的1/4，第二层遮盖住底色的2/4，第三层遮盖住底色的3/4，露出部分为样板的1/4大小（图7-31）。

（6）喷涂珍珠漆。将珍珠漆按比例稀释后，在底色漆样板上未遮盖区域喷涂第一遍珍珠漆，充分闪干后揭去最上面一层遮蔽纸，然后喷涂第二遍珍珠漆，……，并以此方法，完成第三遍、第四遍珍珠漆的喷涂（图7-32）。

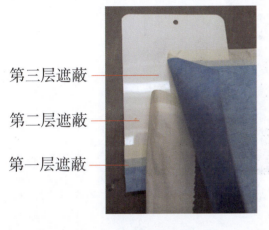

图7-31　分层遮蔽

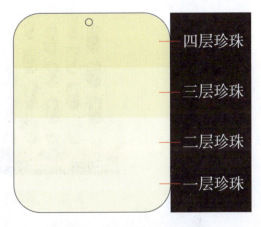

图7-32　珍珠分层喷涂

**注意**：珍珠漆颜色受喷涂因素影响很大，在试板喷涂时必须要与实车喷涂方法和条件保持一致，否则很难确保颜色的一致性。

（7）喷涂清漆。按规范方法调配并喷涂好清漆，然后置于烤箱中烘干。

（8）比对颜色，确定珍珠层数。将做好的颜色样板与车身颜色进行比对，判断几遍珍珠漆的颜色与目标颜色最接近，即可确定珍珠漆的层数。

如果颜色样板上任意一遍珍珠漆的颜色都与车辆颜色有差异，则需要视情进行颜色调整。

①在分色样板上找不出与目标相近的颜色。一般是底色漆颜色有误，需要重新调配底色漆。底色漆的调整可以以选择汽车油箱盖的反面或汽车某些隐蔽部位显现出来的底色层作为目标色，调色的方法可以参考素色漆微调。

②分色样板上有与目标颜色比较接近。可以考虑通过改变喷涂手法的方式进行颜色微调，或者通过采用颜色过渡喷涂的方法进行处理，这是目前对于较小

177

色差比较高效的处理方法。

（9）整理颜色样板，完成调色。将底色漆、珍珠漆配方记录在颜色样板背面，同时记下喷涂参数及珍珠层数，为后面实车喷涂提供依据。做好5S工作，完成调色。

### 三、学习拓展

为满足个性化涂装需求，很多公司开发了一些特殊颜色效果的涂料，如某品牌的变色龙系列、炫彩系列、水晶系列、七彩系列、亚光系列、糖果系列、闪彩系列、金葱粉系列等（图7-33）。不同颜色效果的涂料，其施工方法各不相同，下面以某品牌的超级变色龙系列做法为例说明其施工方法。

图7-33　不同颜色的特殊效果漆

**1. 面漆前处理**

将待施工的车辆或工件按一般维修涂装施工流程做好面漆前的处理工作，如表面清洁、损伤前处理、原子灰刮涂打磨、底漆喷涂打磨、旧漆磨毛、遮蔽除油等。

**注意**：确保待施工表面清洁无油、光滑平整、无橘皮、有符合粗糙度的打磨痕迹、遮蔽良好、无任何影响质量的缺陷等，才能进入下一步。

**2. 底色漆喷涂**

（1）将单组分专用底色漆（每个特殊效果色对应不同颜色的底色漆）与配套稀释剂按1∶1比例混合均匀。

（2）将待施工表面喷涂2~3遍底色漆，确保底色覆盖均匀，无发花、无露底，涂膜光滑平整、无橘皮。待底色漆层完全干燥后进入下一步。

**注意**：不同的底色可改变其最终颜色，使用专用底色漆可以达到最快的上色及色彩效果。

### 3. 变色龙漆喷涂

（1）将变色龙漆与配套稀释剂以 1∶1~1.2 的比例混合均匀。

（2）雾喷一遍稀释后的变色龙漆。这个步骤为基础颜色步骤，上色效果不要太明显，喷涂距离不能太近或太远，避免湿喷。喷嘴与施工表面始终保持平行角度，距离 20~25cm，喷幅重叠 1/3，闪干时间约 5~10min。

（3）湿喷 2~3 遍稀释后的变色龙。这个步骤为上色步骤，每遍漆都能明显地看到上色效果，喷涂的遍数取决于最终的效果要求，遍数越多则彩度越高变色效果越好，以完全均匀形成变色层为标准。喷嘴与待施工表面始终保持平行角度，距离 18~23cm，喷幅重叠 1/2，每遍涂层之间闪干至少 15min 以上，确保每遍涂层彻底干燥后再进行下一遍喷涂。

**注意**：喷全车时需要特别注意件与件之间不要重复叠枪（特别是前门与后门中间的位置），防止各部件的间隙因积漆而发白。

（4）检查变色龙漆喷涂效果。如果变色龙漆漆面均匀无发花、遮盖良好，干燥 60min 后可进入喷涂清漆步骤。如果漆面有发花、遮盖不良等情况的，需要对有问题的部位进行修补。

修补前先将变色龙漆与稀释剂的比例调整至 1∶1.5，然后用 25~30cm 的喷涂距离进行雾喷修复。先雾喷发花的地方，再整件的雾喷确保颜色的一致性，或通过反复交叉雾喷来修复。待表面完全干燥后，用粘尘布轻轻擦掉雾喷过程中产生的多余漆尘。

**注意**：检查时可通过光线，多方位多角度进行检查，特别是前后盖、车门、翼子板等面积较大的部位，确保颜色完全遮盖均匀才能进入下一步。

### 4. 清漆喷涂

（1）将选用的清漆按比例调配好。

（2）雾喷第一遍清漆，不可湿喷，闪干 15min 左右。然后湿喷第二遍清漆，闪干 20min 左右。最后湿喷第三遍清漆，闪干 30min 以上再进行烘烤或静止至完全干燥（图 7-34）。

特殊颜色效果的涂料颜色丰富、颗粒感强，但给我们调色和修补工作带来了一定难度。对于大部分特殊效果涂料的调色，我们

图 7-34　超级变色龙漆

可以参考三工序珍珠漆的做法,即找准底色层颜色,分层喷涂特殊效果层,然后比对颜色,最后确定效果层喷涂层数及喷涂方法。

## 四、学习记录与评价

### 1. 理论知识记录

(1)纯色漆调色时,如果想调整颜色的明度,不改变色调,可考虑加入_____色色母;如果想同时改变明度、色调、彩度,可考虑加入_____色色母。

(2)纯色漆调色时,想使浑浊的颜色变得鲜艳的方法有_____。在实际工作中,为减轻调色难度、减少浪费,最好的方法是_____。

(3)干燥后的涂膜与干燥前的涂膜颜色差异主要是_____,干涂膜颜色偏_____,湿涂膜颜色偏_____。造成干湿涂膜颜色差异的主要原因是_____。

(4)金属漆调色时,想使金属漆颜色正面变暗、侧面变亮的方法有_____。

(5)金属漆在调整明度时,想使颜色整体变浅可加入_____色母,加入白色色母会使金属漆颜色整体变_____。

### 2. 实操数据记录

(1)请根据来车或来色样板(目标板,含颜色代码),查找出最接近的颜色配方,并计量调配出 150g 涂料,然后喷涂颜色试板,再将试色板与目标板进行比对,对有颜色差异的涂料进行微调,同时完成表 7-16(纯色漆填写)或表 7-17(金属漆填写)中的相关内容。

**纯色漆调色记录表**　　　　　　表 7-16

| 实训项目 | 调色实例 | | |
|---|---|---|---|
| 物料准备 | | | |
| 颜色效果: | 颜色代码: | 选用的色母品牌及系列: | |
| 目标板比配方板 | | | |
| 色相 | 更红□　更黄□　更蓝□　更绿□　更紫□　更橙□　无明显差异□ | | |

续上表

| 实训项目 | 调色实例 | | | | |
|---|---|---|---|---|---|
| 明度 | 更深□ 更浅□ 无明显差异□ | | | | |
| 彩度 | 更鲜艳□ 更浑浊□ 无明显差异□ | | | | |
| 色母代号 | 净含量（g） | 第一次试加（g） | 第二次试加（g） | 第三次试加（g） | 最终配方（g） |
|  |  |  |  |  |  |
|  |  |  |  |  |  |
|  |  |  |  |  |  |

**金属漆调色记录表**　　表7-17

| 实训项目 | 调色实例 | | | | |
|---|---|---|---|---|---|
| 物料准备 | | | | | |
| 颜色效果： | | 颜色代码： | | 选用的色母品牌及系列： | |
| 目标板比配方板 | | | | | |
| | 正面观察 | | 侧面观察 | | |
| 色相 | 更红□ 更黄□ 更蓝□ 更绿□ 更紫□ 更橙□ 无明显差异□ | | 色相 | 更红□ 更黄□ 更蓝□ 更绿□ 更紫□ 更橙□ 无明显差异□ | |
| 明度 | 更深□ 更浅□ 无明显差异□ | | 明度 | 更深□ 更浅□ 无明显差异□ | |
| 彩度 | 更鲜艳□ 更浑浊□ 无明显差异□ | | 彩度 | 更鲜艳□ 更浑浊□ 无明显差异□ | |
| 颗粒 | 更粗□ 更细□ 无明显差异□ 更多□ 更少□ 无明显差异□ | | 颗粒 | 更粗□ 更细□ 无明显差异□ 更多□ 更少□ 无明显差异□ | |
| 色母代号 | 净含量（g） | 第一次试加（g） | 第二次试加（g） | 第三次试加（g） | 最终配方（g） |
|  |  |  |  |  |  |
|  |  |  |  |  |  |
|  |  |  |  |  |  |

(2) 请根据喷涂样板时的涂料调配及喷涂方法,完成表 7-18 中的相关内容。

涂料调配及喷涂数据记录　　　　　表 7-18

| 实训项目 | 调色实例之喷涂样板 | | |
|---|---|---|---|
| 物料准备 | | | |
| 涂料调配 | 底色漆和配套辅料型号及调配比例(体积比): | 清漆和配套辅料型号及调配比例(体积比): | |
| 喷枪选用 | 底色漆喷枪型号及口径: | 清漆喷枪型号及口径: | |
| 喷枪调整 | 喷幅: | 出漆量: | 气压: |
| | 距离: | 喷枪角度: | 喷幅重叠: |
| 喷涂方法 | 底色漆喷涂层数及每层目的和要点: | 清漆的喷涂层数及每层目的和要点: | |

3. 评价

(1) 自我评价。请根据自己对本节专业知识掌握情况,完成表 7-19 中的相关内容。

自 我 评 价 表　　　　　表 7-19

| 评 价 内 容 | 完全掌握 | 部分掌握 | 少部分掌握 |
|---|---|---|---|
| 理论知识 | | | |
| 查找配方方法 | | | |
| 计量调色方法 | | | |
| 喷涂样板方法 | | | |
| 比对颜色方法 | | | |
| 微调颜色方法 | | | |

（2）小组评价。请组长根据组员表现，完成表7-20中的相关内容。

小组评价表　　　　　　　表7-20

| 序号 | 评价项目 | 评价情况(优秀/合格/不合格) | 备注(填写不合格原因) |
|---|---|---|---|
| 1 | 着装符合要求 | | |
| 2 | 能合理规范地使用仪器和设备 | | |
| 3 | 能按照安全和规范的流程操作 | | |
| 4 | 遵守学习、实训场地的规章制度 | | |
| 5 | 能保持学习、实训场地整洁 | | |
| 6 | 团结协作情况 | | |

参与评价的同学签名：_____　日期：_____

（3）教师评价与建议（针对学生学习记录完成情况、实训情况、学习态度等进行评价）：

_____

_____

教师签名：_____　日期：_____

### 五、技能考核标准

本考核项目需独立完成，主要检验学员对调色技能的掌握情况，表7-21为技能考核标准表。

调色技能考核标准表　　　　　　　表7-21

| 班级 | | 姓名 | | 考核日期 | |
|---|---|---|---|---|---|
| 考核说明 | 1. 每人提供一份150～200g底色漆配方（初级技能考核水性纯色漆，中级技能考核水性金属漆）及一块目标板；<br>2. 在60min内完成颜色微调操作；<br>3. 考核结束时提交微调颜色样板及考核记录表；<br>4. 评判每步的正确性及施工质量（带★号评分项参考考核记录表）。 | | | | |

续上表

| 评分项 | 得分条件 | 配分 | 扣分 |
|---|---|---|---|
| 计量调色 | 色母准备充分(未检查色母种类及数量扣1分,未充分搅拌扣1分) | 2 | |
| | 色母计量准确(每误差0.1g扣1分) | 6 | |
| | 色母混合均匀(杯壁能看到其他颜色扣1分,涂料不均匀扣2分) | 2 | |
| 喷涂样板 | ★正确调整喷枪(喷幅、出漆量、气压调整,每错一项扣1分) | 2 | |
| | ★正确的喷枪操作(喷涂距离、角度、重叠幅度,每错一项扣1分) | 2 | |
| | ★正确的底色漆喷涂(层数及每层目的、要点,每错一项扣1分) | 2 | |
| | 正确的底色漆层间闪干(自然干燥/吹干,方式错误扣1分) | 1 | |
| | 正确的喷涂范围(喷涂范围约40cm×40cm,范围过小扣2分) | 2 | |
| | 正确的清漆喷涂(层数、闪干方式、气压、距离,每错一项扣1分) | 2 | |
| | 色板正确烤干(烤干方法、烤干质量,根据问题扣1~2分) | 2 | |
| 比对颜色 | 色板清洁后再进行颜色比较(未清洁或未清洁干净扣1分) | 1 | |
| | 始终将色板保持在同一平面进行颜色观察(未平放一起扣1分/次) | 2 | |
| | 在适当光源条件下观察颜色(灯箱和自然光下,缺少一种扣1分) | 2 | |
| | 正确的观察角度(正面和侧面,角度不对扣1分/次) | 2 | |
| | ★正确观察颜色差异(色相、彩度、明度,每错误一项扣1分) | 6 | |

续上表

| 评分项 | 得分条件 | 配分 | 扣分 |
|---|---|---|---|
| 微调颜色 | 参考色母挂图(未参考色母挂图扣3分) | 3 | |
| | ★仅使用初始配方所含的色母(每使用配方外色母一次扣1分) | 3 | |
| | ★正确的色母调整(每选错一次色母扣1分) | 3 | |
| | 彻底搅拌均匀(根据颜色不均匀程度,扣1~2分) | 2 | |
| | 水性底色漆与调整剂正确的调配比例(产品选择错误扣3分,比例不对扣2分,添加量不精准扣1分) | 3 | |
| | ★正确选择喷枪:底色漆和清漆(喷枪类型选择错误扣3分,喷嘴口径错误扣1分) | 3 | |
| 安全防护 | 正确地进行安全防护(防护服、护目镜、手套、活性炭面罩、安全鞋等,漏戴或错戴扣1分/次) | 5 | |
| 现场7S | 7S(操作区域的整理、清洁、废弃物处置,未做或未做好扣2分) | 2 | |
| 最终效果 | 色板颜色完全遮盖(能看到底色扣2分) | 2 | |
| | 色板颜色均匀(根据颜色不均匀程度,扣1~5分) | 5 | |
| | 色板清漆喷涂的质量(影响比色扣3分,不影响比色但有质量缺陷扣1~2分) | 3 | |
| | 与目标板颜色接近度(目视评价,按等次分五级,扣0~30分) | 30 | |
| 总分 | | 100 | |

# 参 考 文 献

[1] 北京中车行高新技术有限公司.汽车车身漆面养护与涂装喷漆技术[M].北京:高等教育出版社,2019.

[2] 张小鹏.汽车车身涂装修复工职业技能鉴定教材[M].北京:人民交通出版社股份有限公司,2017.

[3] 胡小牛.汽车调漆[M].北京:中国劳动社会保障出版社,2015.

[4] 易建红,向忠国,等.汽车涂装工艺[M].北京:人民交通出版社股份有限公司,2019.